たとえる力で人生は変わる

Inoue Daisuke
井上大輔

宣伝会議

誰でも「たとえ上手」になれる

「たとえる力」は鍛えることができます。

でも、そのことはあまりよく知られていません。

この本の企画段階のアンケートでも、たとえ話がうまい人とはどんな人でしょう、と聞くと、教養があり生まれ持ったセンスのある人、というようなことを答える人がたくさんいました。本当にそうなのでしょうか。

まず教養ですが、これはいりません。もちろん生きていくうえで、仕事をしていくうえで、教養があるにこしたことはありません。しかし、「たとえる力」を鍛えていくうえで、教養は必要ではありませんし、邪魔になることだってあります。

「たとえる」ということをもう少し噛み砕いてみると、「身近ではないものをより身近なものに置き換えて考える」ということになります。「教養のある人たち『だけ』に身近なもの」ではいいたとえとは言えません。

生まれ持ったセンス、というのは確かにあります。でも、「たとえる力」はこうしたセンスを持っていない人でも、後から鍛えることができます。なぜそんなことが言えるのか？

「話がわかりにくい」と言われ続けて数十年、「生まれ持ったセンス」にまったく恵まれなかった私が、あれこれ試行錯誤をしてたどり着いたのが、この本で紹介するやり方だからです。

なぜ私が「たとえる力」を鍛えなくてはいけなかったのか。「たとえる力」を鍛えたら何が起こったのか。その物語のイントロとして「How are you 問題」というものを紹介させてください。

私は外資系企業で10年ほど仕事をしてきました。外資系企業にお勤めでない方は、外資で働く日本人というとみんな英語がペラペラだと思われているようなのですが、そんなことはありません。

帰国子女やインターナショナルスクール出身で英語がネイティブレベルの人も当然いますが、私の経験で言えばどちらかというと少数派です。続いて「留学で頑張って勉強して英語を身につけた派」がいて、これもまた多数派とは言えません。

それでは残りはというと、英会話スクールなどで気休め程度にレッスンを受けて、まあ何とかなるだろうと外資に流れ着いた人たちです。「気休めで英会話スクールくらいには行った派」とでもしておきましょう。私もその一人です。

この「気休めで英会話スクールくらいには行った派」の人たちが、外資系企業で最初に直面するのが「How are you 問題」です。

外資系で働きはじめたばかりの、この流派の人たちにとって、基本的に社内で外国人と会うシチュエーションはすべてドキドキなのですが、特に緊張するのが廊下やトイレで知っている人にばったり会ったときです。

外国人：How are you?
私：ファ、ファイン！　エンジュー？

という具合にその場をしのぐわけですが、とまどうのが次にトイレで同じ人に会ったときです。またHow are you? とくるわけです。

さっきから数時間しか経っていないのに、その間に気分が良くなったり悪くなったり普通しないだろ、と思いつつも、引きつった笑顔でファイン！　と絶叫する。こんな基本的なコミュニケーションに毎日びくびくしているようでは、普通に仕事ができるようになるまで一体どれだけかかるんだ、と途方に暮れました。

そんな毎日の中で、私がめぐり会った武器が「たとえる力」です。今からいくら英語を勉強しても、永遠に留学組やネイティブを追い抜くことはできません。

だったら英語の勉強はほどほどに、私は別の手段で自分のアイデアを人に伝えていこう。それがこの大変な世界で生き残る私の作戦だ。そう考えました。「たとえる力」をめぐる私の航海は、このときスタートしたのです。

あれやこれやと試しながら、ようやく「たとえる力」を意識して高められる方法が見えてくると、仕事でも評価されるようになりました。昇進し、管理職になりました。選抜メンバーとして世界的なプロジェクトに関わらせてもらったり、幹部候補向けの特別な研修を受けさせてもらえたりするようにもなりました。「たとえる力」が私をみじめな毎日から救ってくれました。

また、これには思いがけない副産物が2つありました。

ひとつは私の本業であるマーケティングの仕事について、講演や雑誌の原稿執筆、取材の依頼が入ってくるようになったことです。

専門誌の編集者や講演会などの運営者は、たとえ話が上手な人を探していると聞きます。特に話題が専門的になればなるほど、専門家ではない自分たちには、たとえ話がないと話の良し悪しがわからないからです。このように本を出版できるようになったのも、そういった活動を通じて編集者さんたちと知り合いになれたからです。

もうひとつは、「たとえる力」を通じて、私が最初に鍛えたいと思っていた「うまく伝える力」以外の力も、思いがけず身についたことです。最初の章で詳しく説明していきますが、「たとえる力」は

わかる
伝わる
ひらめく

の3つの力につながっています。

この3つは、どんな仕事をするにも必要な力です。それどころか、ソーシャルメ

ディアで情報発信するときにも、子供の学校行事に参加するときにも、子供や親や友達と普段のコミュニケーションをするときにも、広く皆さんを助けてくれる力なのです。

これから皆さんと身につけていくのはそんな力です。

私はその力をまずはグローバルなビジネスの現場で発揮しましたが、言葉も文化も違う人たちが集まる外資系企業で役立つのであれば、同じ日本人の間柄なら何倍もの力を発揮するでしょう。

最後にこの本の作りを説明します。

一章では、「たとえる力」「たとえ話」とはそもそもなんなのか、その秘密をのぞいていきます。お豆腐の作り方を説明する前に、お豆腐はなぜ固まるのか、という仕組みを理解しておくイメージです。そうすると、後から見ていく「作り方」の手順が意味を持ち、よりスーッと頭に入ってくるようになります。

続く二章では、具体的なたとえ話の作り方を見ていきます。お豆腐の「作り方」の解説です。

三章では、2つの練習問題を解いていただくことで、皆さんに実際にたとえ話を作ってもらいます。お豆腐作りの「実習」ですね。

最後の章では、英語の世界に少し旅をします。理由はこの先お話ししますが、英語の世界では日本語よりはるかに「たとえ話」が身近なのです。たとえ話の本場で磨かれた、たとえ話の「古典的名作」をじっくり味わうことで、たとえる力にさらに磨きをかけましょう。

準備はできましたか？

さあ、それではページをめくって、一緒に「たとえる力」の海に船を漕ぎ出しましょう。

目次

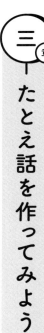

一章

「たとえる力」とは何か？

自転車に乗れる人はバイクにも乗れる

たとえ話というのは、「身近ではないものをより身近なものに置き換えて考える」ことだとお話ししました。これをちょっとだけ難しい言い方にすると、たとえ話というのは「類推《るいすい》」の仲間だ、ということになります。

類推とはなんでしょうか？

たとえば私は自転車が大好きですが、オートバイ（バイク）の免許は持っていません。ただ、なんとなくですが、バイクを運転できるイメージはあります。

想像するに、バイクがまったく動いていない間は、その上でバランスをとるのは難しそうです。でも少し動き出すと安定して、高速で動いている間はバランスの心配をする必要はなさそうです。

バイクの重さがバランスにどう影響するかも、なんとなくですが、想像がつきます。それらすべてを、私は過去に色々な自転車に乗った経験から「類推」しているのです。

もうひとつ「類推」の例を挙げましょう。

ヨーロッパへ旅行に行くとします。空港に着いて、街の中心地までは電車です。

さて、ヨーロッパの電車には「改札口」がありません。その代わりに車掌さんが抜き打ちで切符のチェックをして、ズルがバレた人は高い罰金を支払わなくてはいけません。これには、日本人観光客は最初、戸惑います。日本で電車に乗った経験からの「類推」に合てはまらないからです。

しかし、すぐに慣れます。そして街の中心地に着いて、目的地のホテルまで行くために地下鉄に乗り換えるとき、今度は戸惑うことはありません。電車と地下鉄を別々の会社が運営していて、切符の買い方や抜き打ち検査のルールが多少違っていても、迷うことはないでしょう。

このとき、皆さんは先ほどの電車での経験から地下鉄の乗り方を「類推」しているのです。

この「類推」という力は、神様が人間にくれた素晴らしい贈り物です。

- AとBは大きなくくりでは一緒みたいだぞ。
- AとBの、ここところは共通してそうだぞ。
- AとBの、ここところはどうも違ってそうだ。ただそれは小さなことなので気にしなくて良さそうだぞ。

このようなことを、一瞬のうちに判断する力を、先ほどの例では自転車とバイクの間で、またはヨーロッパの電車とヨーロッパの地下鉄の間で、私たち人間は誰にも教えられることなく身につけているのです。

人間の子供は、他の動物の子供と比べ、独り立ちするのに時間がかかります。しかし、ひとたび独り立ちをすると、教えていないことでも自分でやり方を見つけて、一人でこなすようになります。これは、「類推」する力と関係しているのかもしれません。

私は大学生くらいになってようやく独り立ちしたかなと思いますが、ちょうど大学生の頃にリュックサックひとつで世界旅行に出かけました。

私の両親からすると、それは無謀に思えたでしょう。だって、レストランでの注文の仕方からタクシーの乗り方まで、何ひとつ知らないところに一人で旅立つのですから。

しかしそういう旅行を経験した人はみんなうなずいてくれると思いますが、行ってみれば何とかなるものです。日本でひと通りの社会経験をしている大学生くらいであれば、旅行に必要なこと程度なら、多少の違いはあっても「類推」の力ですぐにできるようになってしまうのです。

そして、たとえ話というのは、言葉を使った「類推」です。

たとえば「憲法は国の設計図のようなものだ」というたとえ話があるとします。

このたとえ話を聞くと、憲法というものがよくわからない人でも、より身近な家などの「設計図」を思い浮かべ、そこから「類推」することで、それがどういうものかをだいたいイメージすることができます。

細かく見ていくと、「憲法」と「設計図」はこのようなところが似ています。

憲法

● この国はこういう国ですよ、という決まりごと

- 国を運営する人（官僚や政治家や裁判官）はこれを守らないといけない
- 細かい法律が変わっても憲法はほとんど変わらない

設計図

- この建物はこういう建物ですよ、という決まりごと
- 建物を建てる人（大工さんや電気屋さんや左官屋さん）はこれを守らないといけない
- 現場の細かいルールが変わっても設計図はほとんど変わらない

しかし、このたとえ話を聞いた人は、このようにわざわざ細かく説明しなくても、人間が持つ「類推」する力を使って、憲法と家の設計図が持つ共通点をだいたいつかんでしまいます。

私が誰かから教わったわけでもないのに、バイクの乗り方をなんとなくイメージ

できたように。この驚くべき力をうまく使って、普通に伝えたのではうまく伝わらないことを上手に伝える裏ワザが、たとえ話なのです。

人間はどうして「類推」ができるのか。頭の中でどうやって「類推」しているのか。それははっきりとはわかりません。

そう考えると、たとえ話は魔法の箱に言葉を投げ込むようなものだとも言えます。箱の中で何が起こっているのかはわからない。「ブラックボックス」です。たとえ話を悪く言う人たちは、どうもここに不満があるようです。

もっとも、この裏ワザがちゃんと働いてくれるには、そのたとえ話が的を射たものである、という条件がついてきます。「たとえ話」は聞く方には優しく、作る方には厳しいのです。魔法をかけられる方には特別な力はいりませんが、魔法をかける側には魔法の訓練が必要です。

人間には、個人差はありますが、誰にでも、2つのものを見てその間に「類推関係」を見つける力があります。先ほどの例で言う自転車とバイクの間だったり、電車と地下鉄の間だったり。

しかし、伝えたいことがひとつあり、もうひとつより身近なことを「自分で」見つけてこなくてはいけないのがたとえ話です。そこにはちょっとしたコツが必要です。それをこれから練習していきましょう。

わかる・伝わる・ひらめく

この本を手にとっていただいた方の多くは、「伝え上手」になりたいと思って「たとえる力」に興味をもったのではないでしょうか。

私もそうでしたし、実際に「たとえる力」が一番役に立つのは何かを「伝える」シーンです。なので、この本ではこの先、特にたとえ話の「わかりやすく伝わる」力に注目していくのですが、「たとえる力」を身につけることによってパワーアップさせることができるのは、これだけではありません。

最初の「誰でも『たとえ上手』になれる」でも少し話しましたが、「たとえる力」

は

わかる

伝わる

ひらめく

の3つの力につながっています。

「伝わる」は、憲法とは何か、などという難しいことを説明するときに役立ちます。たとえ話が上手な人は伝え上手ですよね。

「わかる」はどうでしょうか。「類推」というのは、人が何か新しいことを理解しようとするときに力を発揮してくれるものでした。自転車にしか乗ったことがない人がバイクに乗るときだったり、電車にしか乗ったことがない人が地下鉄に乗るときだったり。

同じように、たとえ話を考えることは、仮にそれを人に披露するチャンスがまったくなかったとしても、自分自身の理解をより深めることに役立ちます。

この先皆さんと実際にたとえ話を考えていくとき、自分の中にある「魔法の力」が動き出すことで、今までぼんやりとしかわかっていなかったことがよりはっきりとわかるようになる、という体験をたくさんすると思います。

最後に「ひらめく」です。

クラレ社の「マジックテープ」が有名な「面ファスナー」ですが、元祖である「ベルクロ」を発明したジョルジュ・デ・メストラルは、犬の散歩をしているときに愛犬についた「植物の実」を見てアイデアを思いついたそうです。

また、化学の授業で出てきた「周期表」を思い出してください。スイヘーリーベ、と覚えるアレです。アレを考えたロシアの科学者ドミトリー・メンデレーエフは、トランプの「ソリティア」のカードの並びを見て、元素もこういう風に並べられるかもしれない、と思いついたそうです。

この2つの話は両方とも「たとえる力」の「ひらめく」の部分を使っているのですが、ちょっとイメージしにくい場合は一回こう考えるとわかりやすいかもしれません。まず、はじめから「面ファスナー」や「周期表」があったとして、それがどんなものかを説明するのに「植物の実」や「ソリティア」を「たとえ」として使ってみましょう。

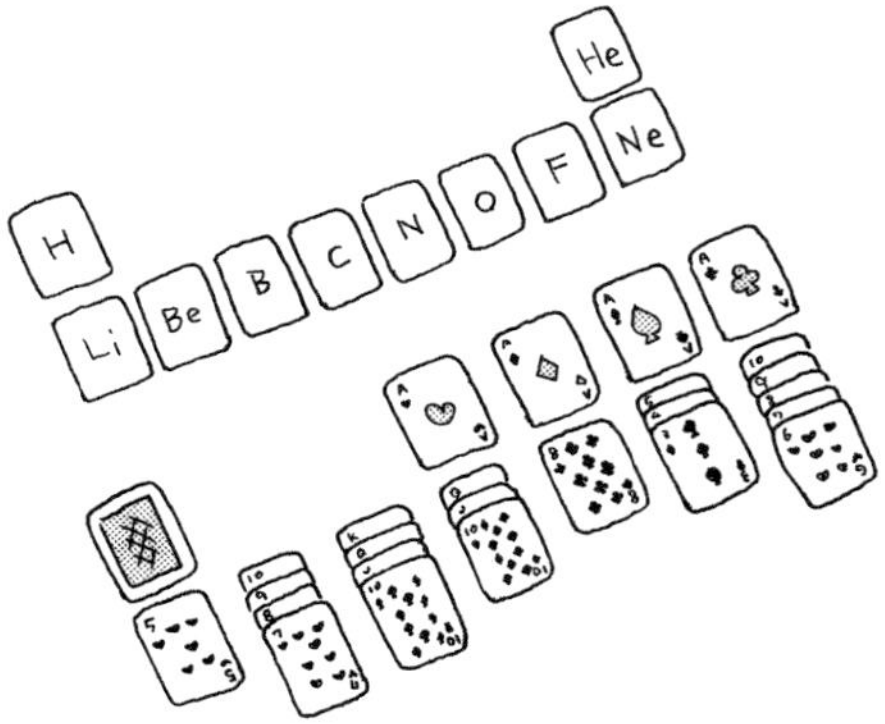

「面ファスナー」であれば、「毛皮にくっつく実のようなファスナー」だったり、「周期表」であれば、「元素をトランプのソリティアのように並べた表」だったり。

実際にはジョルジュ・デ・メストラルもドミトリー・メンデレーエフも、何かすでにあるものを別のより身近なものに置き換えているだけではなく、ひとつの身近なものから目には見えない「骨格」を抜き出し、「類推」を使ってそこから別の新しいものを作っています。これはかなり高度な技なのですが、根っこは「たとえる力」と一緒です。

皆さんの周りで「たとえ話」が上手な人を思い浮かべてみてください。その人って、同時にすごいアイデアマンだったりしないでしょうか？

有名人でいえば、たとえばダウンタウンの松本人志さんもそうです。トーク番組などではいつも絶妙な「たとえ」で私たちを笑わせてくれますし、映画や音楽の世界でも意表をつくアイデアを連発して私たちを驚かしてくれます。

「たとえる力」と「ひらめく力」というのはお互いに関係しています。つまり、「たとえる力」が高い人は「ひらめく力」も高い、ということです。

「たとえる力」は「似ているものを見つけてくる力」でもあります。ここで言う「似ている」というのは、自転車とバイク、電車と地下鉄のように見た目からして似ている場合もありますが、「憲法」と「家の設計図」のように、ぱっと見てまったく別のものであることもあります。

ぱっと見てまったく別のものである場合、では何が似ているのかというと、その裏側にある「構造」です。前のページで目には見えない「骨格」と言ったのは、より詳しく言うとこの「構造」のことです。

「構造」は物語で言うと、「登場人物同士の関係」のようなものです。「ウエスト・サイド物語」というミュージカル映画を見たことはあるでしょうか？　1950年代のニューヨークを舞台にした物語で、ポーランド系アメリカ人とプエルトリルコ系アメリカ人のギャング集団がいさかいを起こし、その間に挟まれたカップルが悲劇に見舞われるというのが大まかな話の筋です。

実はこれ、「ロミオとジュリエット」が下敷きになっています。一見すると似ても似つかない物語ですが、

- 対立する2つのグループ
- その間で愛し合う二人

●やがて引き裂かれる悲劇

という「構造」を見ると、とてもよく似ています。「登場人物同士の関係」は同じなのです。

「たとえる力」を鍛えていくと、このような目には見えない「似たもの同士」の「構造」が目にとまるようになってきます。

さらにもう一歩進むと、先ほどの「面ファスナー」や「周期表」の例のように、見たものを一度「構造」に落とし込んでから、今度はその「構造」を使ってまったく新しいものを考える、ということもできるようになります。

実はこれこそまさに、アイデアマンが新しいアイデアを考えるときにやっていることなのです。

「たとえる力」の奥深さがわかったでしょうか。

わかる
伝わる
ひらめく

この本でこれから注目していくのは、このうちの「伝わる」です。しかし、「伝わる」ための「たとえる力」を鍛えることで、自然と「わかる」も鍛えられますし、特に意識しないでも「ひらめく」力がついていきます。

そして、この3つの力は、今の時代、強力な武器になるのです。それを次のページから説明していきましょう。

「たとえる力」はあと2000年すたれない

昔から人は「たとえ話」を使ってきました。

イエス・キリストの言葉と行いを記録した「福音書」はたとえ話でいっぱいです。キリスト教はもともと中東地域の宗教ですが、福音書が書かれた時代、キリストの弟子たちは頑張ってキリスト教をヨーロッパのギリシアやローマに広めようとしていました。

キリスト教は一神教、つまり神様が一人しかいない宗教です。ギリシア神話やローマ神話をちょっとでも知っている人は、神様がたくさん出てくるのでよくわかると思いますが、ギリシアやローマの宗教はもともと「多神教」です。

そのようにまったく違う文化と言葉を持つ人たちに、自分たちの宗教をよくわかってもらうために、福音書を書いた人たちは「たとえ話」をたくさん使いました。その後、キリスト教が世界で一番大きな宗教になったことは、皆さんもよくご存知だと思います。これは福音書にたくさん登場するたとえ話と無関係ではないでしょう。

東洋でも同じです。

北原白秋作詞の童謡、「待ちぼうけ」を思い出してください。

男がある日せっせと野良稼ぎをしていたら、おろかなウサギがやってきて、自分で木の根っこに頭をぶつけて気絶してしまいました。おぉ、こうやって待っていれば苦労しないでウサギがとれるじゃないか、と早とちりした男は、その日以来そこでウサギを待ち続けましたが、そんなおろかなウサギはもう二度と現れませんでした。

この話の出所は日本でいう弥生時代くらいの時期に中国で書かれた本である「韓非子《かんぴし》」です。韓非子はこの本を書いた人の名前でもあり、秦《しん》の始皇帝に政治のアドバイスをしたことで有名な学者さんですが、始皇帝は法律で役人や国民をギチギチに縛った人です。それが当時は最先端だったわけですが、古いやり方から抜け出せず、そんな始皇帝のやり方に文句を言う人が当時たくさんいました。

韓非子は、そんな「変化についていけない人たち」を相手にして、お前らはこの

ウサギを待ち続けるおろか者と同じだ！　と批判したわけです。たまたま優秀な指導者が現れて、法律ではなく個人の才能を頼りにするやり方がうまくいくということもあるかもしれないが、そんな偶然はめったにない。そんなことを、おろかなウサギが自分で木の根っこに頭をぶつけて気絶する状況にたとえたのです。

東洋でも西洋でも、２０００年以上も前から、人は「たとえる力」に頼ってきました。そして、当時考えられたたとえ話は、今でも私たちの腑に落ちます。これはすごいことだと思いませんか？

この先、たとえばコンピューターのプログラミングを勉強しても、勉強した技術がすぐに時代遅れになってしまうかもしれません。頑張って資格をとっても、法律が変わって無駄になってしまうかもしれません。かつては国際語だったラテン語が今やすたれてしまったように、英語ですら必要なくなるときが来ないとも限りません。

しかし、「たとえる力」は不滅です。
そして、何より今必要とされている力でもあります。

わかる
伝わる
ひらめく

「たとえる力」が与えてくれるこの3つの「できる」を、今私たちが暮らす社会の中で見直してみましょう。

「すぐに蒸発してしまい（Volatile）、不確かで（Uncertain）、複雑で（Complex）、あいまい（Ambiguous）」。それぞれの英語の頭文字をとって「ブーカ（VUCA）」、などと言われるのが今の世の中です。最近なんだかよくわからないことが多いな、と感じませんか？

そんな中、「わかる」力は、情報の海をかき分けて進むための船頭になってくれるでしょう。

コミュニケーションがどんどん「直感的」になってきました。電話がメールになり、ブログになり、つぶやきになり、写真になり、ついには1個のスタンプになりました。そんな中、直感的に「伝わる」メッセージを作り出す力は、すべての現代人に欠かせません。

現代にはモノや情報が溢れています。下水道の情報誌ですら、選択肢が複数あるような時代です。自分のアイデアが埋もれてしまわないようにするには、「ひらめく」力を使って常に新しい切り口を考え続けなくてはいけません。

今何より必要とされていて、今後もずっとすたれることはない。
こんなに身につけがいがある力は他にないでしょう！

「わかりにくい」の正体

誰かの説明や文章がわかりにくい、と感じるとき、大きく原因は3つあります。

- 言葉が難しい
- 理屈に大ジャンプがある
- 「誰にでも当てはまるようにする（普遍的にする）」のに失敗している

言葉が難しい、ですが、ではかんたんな言葉を使えばいいではないか、と思うでしょう。しかし、ことはそれほど単純ではありません。同じ日本語を話す人同士でも、職種だったり業界だったり、普段見ているテレビやウェブサイトなどの違いで言葉づかいは変わってきます。

自分にとってかんたん、ということと、誰にでもわかる、ということは、ちょっと違います。誰にでもわかる言葉づかいをするには、ひと言ひと言に気を使って、この言葉づかいは大丈夫、この言葉づかいは直した方がいい、と細かくチェックしていかなくてはいけません。

理屈に大ジャンプがある、と、理屈が通っていない、は別の話です。実は、まったく理屈が通っていない話というのは、そうそうあるものではありません。「お前のものは俺のもの。俺のものは俺のもの」という言葉は、一見理屈が通っていなさそうに思われますが、間に入るべき説明が色々と抜け落ちて、理屈が大ジャンプしてしまっているだけかもしれません。

ここまでの大ジャンプではないものの、小さな理屈のジャンプは気づかずついやってしまうものです。聞き手がついてこられない「理屈のジャンプ」がないか、話し手は常に気を使う必要があります。

話がわかりにくくなる最後の原因は、誰にでも当てはまるようにする（普遍的にする）のに失敗していることです。ここからが「たとえる力」の話です。

具体的に話してください、とは言っても、抽象的に話してください、とはあまり言いません。具体的な話はいつでもわかりやすくてよろしい、と多くの人が考えているのだと思いますが、実はそんなことはありません。時と場合によるのです。

具体的な話の一番わかりやすい例が「マニュアル」です。料理のレシピもマニュアルのひとつなので、ここではレシピを例にとって説明します。

カレーライス3人前の作り方が知りたい、ということであれば、細かく手順を説明したレシピを紹介すればいいでしょう。

今作るわけではないし、何人前になるかわからないけど、とにかく将来のためにカレーライスの作り方を知っておきたい、ということであれば、材料と手順のざっくりとした説明の方が都合がいいでしょう。

自分なりのカレーライスを作ってみたい、具体的にどういうカレーライスにするかはまだ決めていない、ということであれば、はじめに肉類を炒め、次に野菜類を炒め、などといったような、さらに大まかな行程がむしろありがたいでしょう。

このように、

「手順を細かくする（具体的にする）」

というのと、

「誰にでも当てはまるようにする（普遍的にする）」

というのは、実は両方とも「わかりやすくする」ために気遣っているのですが、それぞれまったく反対の方向を向いています。

だから本当は、聞き手に「カレーライス3人前の作り方が知りたい」という人が多ければ「手順を細かくする（具体的にする）」のが親切ですし、「オリジナルのカレーライスを考えたい」という人が多ければ、「誰にでも当てはまるようにする（普遍的にする）」のが親切なはずなのです。

しかし、なぜ「手順を細かくする（具体的にする）」説明ばかりが人気なのでしょうか。

それは、「誰にでも当てはまるようにする（普遍的にする）」説明をするのが難しいからです。

だから、聞き手は「誰にでも当てはまるようにする（普遍的にする）」説明にあまりいい思い出がありません。それで「手順を細かくする（具体的にする）」説明ばかりが人気者になってしまうのです。

「誰にでも当てはまるようにする（普遍的にする）」には、この例で言えば、あらゆるタイプのカレーライスに共通するステップを見つけ、それを抜き出してこなくてはいけません。

これは、「ウエスト・サイド物語」と「ロミオとジュリエット」に共通しているところを見つけることや、「憲法」と「家の設計図」に共通しているところを見つけることに似ていませんか？

「たとえる」というのは、一度話の骨格を抜き出して（抽象化して）、それをより身近な具体例で言い直すことで、「誰にでも当てはまるようにする（普遍的にする）」説明をわかりやすくする、ということでもあるのです。

「手順を細かくする（具体的にする）」説明が上手ではない人はいないでしょう。もし聞き手が全員同じマニュアルを欲しがっていれば、皆さんが何かを伝えるのに苦労することはありません。

わかりにくい説明の一番の問題は、「誰にでも当てはまるようにする（普遍的にする）」ところで起こるのです。

それを助けてくれるのが「たとえる力」です。

「たとえる力」を鍛えることで、「目に見えないところで共通するもの」を見つけ出し、「誰にでも当てはまるようにする」説明が上手にできるようになります。ちょっと難しい言い方をすると、「抽象的に考える」力がついてきます。

ハンバーガーチェーンのマニュアルは、具体的な説明の代表格ですが、その通りに作ることでツブのそろったハンバーガーはできても、まったく新しい斬新なハンバーガーを作ることはできません。

講演をするとき、「なるべく具体的に」という依頼をいただくことが多いのですが、具体的な話にはそういう大問題があるのです。たとえ話の上手な人が増え、もっと「誰にでも当てはまるようにする」説明の人気が出てくるといいなと思っています。

日本人は何かを改善することは得意だけど、まったく新しいものを考えるのが苦手だよね、と言われたりします。それはもしかしたら、「たとえる力」の問題なのかもしれません。

一章のまとめ

- 「たとえ話」は「類推」の仲間。「類推」とは、「自転車に乗れる人はバイクにも乗れる」こと
- 「たとえる力」は「わかる・伝わる・ひらめく」という3つの力につながっている
- 「たとえる力」は鍛えられる。そして今何より必要とされ、時代を超えて役に立つ
- 「わかりにくい」の正体は「誰にでも当てはまるようにする」ことの難しさ。「たとえる力」はそれを助けてくれる

二章

たとえ話の作り方

日常編

5つのステップで考えるたとえ話

一章では、「たとえる力」とはどういうものか、そしてそれがどういうときに役立つのか、ということを詳しく見てきました。

二章では、実際に「たとえ話」を考えていくための基本のフォームとも言える「5つのステップ」を見ていきましょう。

続く三章では練習問題をやってもらいます。二章で学んだ「5つのステップ」を使って、オリジナルのたとえ話を考えていきましょう。

まずは「5つのステップ」です。

❶ 何を伝えたいか、を整理する
❷ 登場人物と関係性を整理する
❸ 舞台設定の候補を出す
❹ 3つのポイントで舞台をふるいにかける
❺ 選んだ舞台で伝えたいことを説明する

はじめにお断りしておくと、この5つのステップは、たとえ話を作るための「マニュアル」ではありません。そこに材料を流し込めば、カンタンにたとえ話がたくさん作れる「型」のようなものでもありません。

これは野球のバッティングでいうところの、「正しいフォーム」のようなものです。なので、はじめはゆっくりと動きを覚え、何度も繰り返すことで体にしみ込ませていく必要があります。

ただやみくもにバットを振り回すのでは、いつになってもヒットは打てません。ヒットやホームランを打つためには、まずは基本のフォームをしっかりと身につける必要があります。そして、ひとたび基本のフォームをマスターしたら、それをベースにしつつ、あえてそこから離れることもときには必要です。相手投手の出方に反応して、臨機応変に打ち方を変えていくのです。

この「5つのステップ」は、そんな基本のフォームだと考えてください。

これから、皆さんと実際にたとえ話を考えながら、これらのステップをひとつずつ見ていきます。なるべく実際に使うところをイメージできるように、まずは「こんなとき、いいたとえ話を思いつくことができたらいいな！」という状況をドラマ仕立てで再現します。

この本に出てくる再現ドラマはどれも、この5つのステップにじっくりと取り組む時間がとれるシチュエーションではありません。つまり、その場でぱぱっと絶妙なたとえ話を考えなくてはいけないシチュエーションなのですが、慣れないうちはそんなに高速で回せるものではありません。

慣れないうちに自分で練習するときは、プレゼンテーションの準備などゆっくりと時間がとれるシチュエーションを選んで、5つのステップを紙に書き、またはスマホでメモをとって整理するようにしましょう。

慣れてきたら、今度は同じ作業を、頭の中で短い時間でできるようにします。

さらに慣れてくれば、いくつかのステップを飛ばして、より短い時間でたとえ話が作れるようになるでしょう。

ここではわかりやすい説明のために、その場で瞬時にたとえ話を考えるような設定になっていますが、はじめからそのようにアドリブがきくことはないのでご安心ください。

●友達を勇気づけるたとえ話

マリは旅行会社に勤める社会人5年目。今日は学生時代からの親友で、広告代理店に勤めるカナと、仕事帰りに話題の映画のレイトショーを見にきました。上映開始まではまだ時間があったので、近くのカフェに入ってエビとアボカドのパスタで食事を済ませます。

待ち合わせのときからなんだか元気がなさそうに見えると思っていたカナですが、静かになったな、と思ったら、アイスコーヒーの氷をストローでぐるぐるかき回していています。これはカナが何か考え事をしているときのサインです。

「なんか悩み事あるでしょ？」

「どうして？」

「昔から悩み事あると、そうやってストローで氷をぐるぐるかき回すのよ」

「悩み事ってほどでもないんだけど、会社に苦手な人がいてさー」

「あ、前に言ってた人？　サエグサさんだっけ」

「そうそう、あの人なにかっていうと突っかかってくるんだよね」

「いるよねー、そういう人」

「明日大事なプレゼンがあるんだけど、上司はともかく、その人から変なツッコミが入らないかって気になっちゃって」


カナはそう言うと、タマシイを吐き出すような顔をして、そのまま固まってしまいます。マリはなんと声をかけてあげたものか、ちょっと考えあぐねています。

「カナ、今の上司は理解あるって言ってたもんね。それはラッキーだよ。私の上司なんて最悪だもん」

「そうなんだよねー、上司もそうだけど、チームの人みんないい人で。その人だけが『この世の中の問題点』って感じ。席が近いんだけどさ、キーボードを叩く音すらムカつくんだよね。なんか怒られてるみたいで」

「ウケる！」

「ツイッターとかでも、一応友達なんだけど、明らかにこれ私だろー、っていう人の話をして批判してたりして。文句あるんだったら直接言えよ、みたいな」

「それウザいよねー。そういう系か」

「まあ一応これでも、色々やってみてはいるんだよね。ランチ誘ってみたりさ。下《した》

手《て》に出てみたり、逆に強気で文句言ってみたり。でもどうやってもダメみたい。生理的に受けつけない、みたいな感じなのかな？　まあ私もそうなんだけどさ」

明日はプレゼンだというのに、肝心の上司を脇に追いやって、カナはサエグサさんのことばかり気にしています。サエグサさんのことさえ気にしないでいられたら、明日のプレゼンだけではなく、カナの毎日はもっともっと充実するはずです。マリはこのことを、上手なたとえ話を使って伝えられないかと考えています。

さて、ここからは皆さんにマリの立場になってもらって、先ほど紹介した「5つのステップ」を使い、カナの悩みを解決してあげられるようなたとえ話を考えていきましょう。

1. 何を伝えたいか、を整理する

まず、たとえ話を使って「何を伝えたいか」を整理します。これは当たり前のことのようですが、的を射たたとえ話が作れない原因は、多くの場合この「何を伝えたいか」があやふやなまま考えはじめてしまうことです。

たとえば、憲法は国の設計図のようなものだ、というたとえ話の裏には、次のようないくつかの伝えたいことがあります。

1. 憲法は公務員をしばるルールだ。
2. 憲法は一度決めたらめったに変えられない。
3. 「法」という名前がついているけど、法律とはまったく別物だ（本家本元の英語ではconstitutionといい、法＝lawという言葉はついていません）。

ここで伝えたいことの整理がしっかりできておらず、たとえば1だけしか頭に入っていない状態だと、「憲法は校長先生が決めた、先生たちをしばるルールのようなものだ」などというたとえ話を考えてしまうかもしれません。

これでは、2と3をまったく伝えられない、不十分なたとえ話になってしまいます。

不十分なだけではありません。1と2はすでに多くの人が知っていることではないでしょうか。「憲法に関する誤解を解きたい」というのが、このとき話し手が相手に期待することだとしたら、話のキモになるのは3です。そのキモとなる部分が抜け落ちたたとえ話では、本来の役割を果たせません。

こうなってしまわないように、「何を伝えたいか」はさらっと流してしまわず、そこにあいまいさはないか、抜けもれはないか、をしっかり確認していかなくてはなりません。また、伝える相手に行動や考えの切りかえを期待するときは、伝える内容そのものにその力があるのかどうかをチェックしなくてはいけません。

こういったことを頭に入れ、次の3つの「NG項目」を使って、「何を伝えたいか」をふるいにかけ、話のキモを洗い出す練習をしていきましょう。

● 色々な意味にとれてしまう
● 聞き手に期待することが達成されない
● 言い足りていない大事なことがある

このカナのケースの場合、たとえばこういうのは「何を伝えたいか」としてどうでしょうか。

● カナは自分を変えた方がいい、ということこれは「色々な意味にとれてしまう」に合てはまってしまいますね。カナは自分の何を変えた方がいいのか。それをどう変えた方がいいのか。このままだと、ここから色々なバリエーションの言いたいことが生まれてしまいます。

これからたとえ話を考えていくのは自分自身なので、別の人が間違って受け取ってしまうことを心配する必要はないのですが、たとえ話を考えるときは頭の中で一度別の「舞台」に旅をします。その間に元の舞台のことを少し忘れてしまうこともあります。そのとき、「何を伝えたいか」が色々な意味にとれてしまうと、出来上がったたとえ話で微妙に違うことを表現してしまう、ということにもなりかねません。

それでは、こういうのはどうでしょうか。

● サエグサさんのことなど気にするな、ということ
● サエグサさんのことなんかより、上司のことを気にした方がいい、ということ

マリがカナに期待するのは、カナの悩みがなくなることです。しかしカナはこれだと、「ではどうしたらいいのか」がわからないので、マリがカナに期待することは結局達成されません。

カナだって好きでサエグサさんのことを気にしているわけではないことは、マリにもよくわかっています。ただ「気にするな」とだけ言っても、問題が解決しないのは明らかです。

それでは、これはどうでしょうか。

● サエグサさんに嫌われていることを受け入れよう。よく考えればそれは、大し

たことではないんだから

この「よく考えればそれは大したことではない」がカナの腑に落ちれば、カナの悩みはなくなって、マリが期待することは達成されます。ここがこのたとえ話のキモなのです。これをうまく伝えられるたとえ話を考えていきましょう。

最後に、言いたりていない大事なことはないでしょうか？

サエグサさんの問題が解決しなかったとしても、カナはハタから見ると、そして本人も気がついているように、上司やチームメートに恵まれてとてもラッキーです。これはカナの充実した毎日を後押しする大事なポイントなので、ぜひ伝えていきたいです。では、こうしましょう。

● サエグサさんに嫌われても世界が終わるわけじゃない。それがあったとしても

上司やチームメートに恵まれたカナはハタから見るとラッキーだ

ここまでくれば合格です。

- 色々な意味にとれてしまう
- 聞き手に期待することが達成されない
- 言い足りていない大事なことがある

「5つのステップ」のはじめの一歩は、この3つのチェック項目を使って、たとえ話の「基礎」である「何を伝えたいか」を、しっかりとしたものにすることです。

「何を伝えたいか」というのはわかりきったことのようで、これをしっかりしたものにするのは意外と骨が折れる、ということがおわかりいただけたでしょうか。

2. 登場人物と関係性を整理する

次に、この元になる話の「登場人物とその関係性」を整理します。

まずは登場人物の整理です。この話の大事なところを伝えるために演劇をやるとしたら、誰の役と誰の役が必要なのか、というイメージです。

たとえば「ロミオとジュリエット」でいえば、モンタギュー家の一人息子ロミオと、敵対するキャピュレット家の一人娘ジュリエットと、それぞれの家の家長がいれば話の大事なところは伝わりますよね。子供に物語のあらすじを話す要領で、必要な登場人物をピックアップしましょう。たとえ話が必要なシチュエーションの登場人物は普通そう多くはないので、誰を選んでいいかわからなければ、全員登場させてしまってもかまいません。

また、登場「人物」といっても、一人の人である必要はありません。シチュエーションによっては、登場人物の一人、場合によっては全員が、「病気」や「怪我」だったり、「競合他社の商品」だったり、「ワーク・ライフ・バランス」などの「考え方」だったりします。

こういった「人以外のもの」と、ある人との関係性、または「人以外のもの」と、「別の人以外のもの」との関係性を整理するのに慣れないうちは、それらを「擬人化」して考えるのがおすすめです。

子供の頃に読んだ保健の教材では、「虫歯菌」や「栄養素」がキャラクターとして描かれていましたね。ああいうイメージです。

ここで「登場人物」という言葉を使ってい

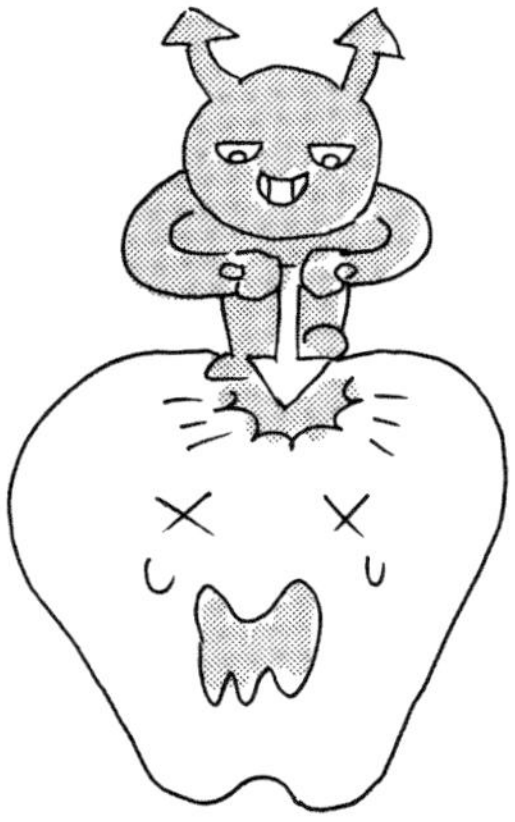

るのはそういうワケです。

ただ、「学校」「クラス」「チーム」などの人の集まりは、もともと人なので「擬人化」して考えると逆によくわからないことになってしまいます。この場合は、そのまま「学校」「クラス」「チーム」などとして考えていきましょう。

このカナの話の登場人物は、実際の人と、人の集まりだけで整理できます。上司とチームはひとまとめにして、ひとつの登場人物にしても話の大事なところは伝わります。

- サエグサさん：仕事上大きな存在ではないけど嫌な存在
- チーム（上司を含む）：仕事上大きな存在。関係はとてもいい
- カナ：本当は大きな存在ではないサエグサさんにとらわれてしまっている

次にすることは、先ほど整理した登場人物の関係を図にすることです。このあたりからがいよいよ本格的なたとえ話の作り込みです。

ここでのポイントは、「絵」ではなく「図」であることです。

絵が上手い人でも、人物などをリアルに描いてしまわず、あえて○や△や□などの記号と、記号同士の関係性を表す線などで「図」を描いてください。

図を描いていくうえでのルールは次の４つです

- ○や△や□など記号の違いにちゃんと意味がある
- 記号同士の「大きさ」の違いにちゃんと意味がある
- 記号同士の「位置関係」にちゃんと意味がある
- 記号同士を結びつける線にちゃんと意味がある

これだけ聞くとちょっと難しく思えるかもしれませんが、もう少し平たく言うと次のようになります。

- 一度「○」を使ったら意味もなく次の記号を「△」にしたりしない
- 意味もなく記号の大きさを変えたりしない
- 意味もなく記号の中に別の記号を入れたりしない
- 意味もなく記号を結びつける線を描かない

実際の例を見ながら、これらのルールをおさらいしていきましょう。

全体の大きな○がチーム、その中にある小さな白い○がカナを表しています。黒い●が苦手なサエグサさんですが、色を変えているのには意味があります。カナにとってサエグサさんがチームの中でつい気をとられてしまう人である、ということを、実際に目立つ「黒」で表現しています。

それぞれの記号同士の大きさと位置関係にも、ちゃんと意味があります。チームは大きい◯で、その中に小さな◯であるカナもサエグサさんも含まれている、という関係性が表現されています。

［図1］

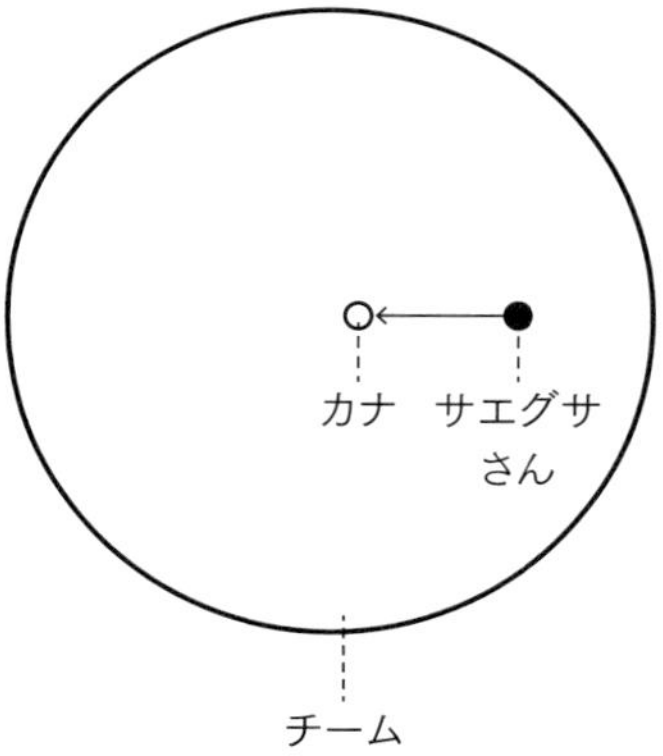

ここで、もう一回［図1］を眺めながらルールを確認してみましょう。

- 一度「○」を使ったら意味もなく次の記号を「△」にしたりしない
- 意味もなく記号の大きさを変えたりしない
- 意味もなく記号の中に別の記号を入れたりしない
- 意味もなく記号を結びつける線を描かない

イメージがわいたでしょうか？

この後、三章の練習問題で、実際に自分で図を描いてみると、もっと感覚がつかめると思います。

3．舞台設定の候補を出す

図が描けたら、その図をじっと眺めながら、この元の話を別のより身近なもので言い換えるための舞台設定の候補を出していきます。「絵」ではなくあえて「図」にするのは、ここで具体的な絵を眺めていると、それとはまったく関係のない別の新しい舞台設定をイメージするのが難しくなるためです。

また、思いついた舞台設定を、これはダメだな、と自分でダメ出しするのはこのタイミングではひかえましょう。それは次のステップでやっていきます。

ここでは、とにかく思いつくがままに舞台設定を考え、それをメモしていきます。紙のメモでも携帯電話やパソコンのメモでも結構です。

アイデア出しの会議、「ブレイン・ストーミング」をしたことはあるでしょうか。

このステップは、自分一人でやるブレイン・ストーミングのようなものです。

ブレイン・ストーミングには、誰かが出したアイデアを、どんなにくだらなくても、どんなに実現できなさそうでも決して批判してはいけない、というルールがあります。

一見くだらないアイデアでも、そのアイデアを「飛び石」にして、別の素晴らしいアイデアが出てくるかもしれないからです。その要領で、ここでは自分で出したアイデアを自分で批判してしまわないように気をつけましょう。

次のステップのことを考えると、3個から5個は候補を出しておきたいところです。

ここではそんな「一人ブレイン・ストーミング」の結果、次の4つの候補を考えてみたこととします。

- 虫歯が1本ある。他の歯は全部健康なのに、その歯が気になってしかたない
- 合唱団で一人だけ音がずれている人がいる。聴いている人はほとんど気づかない音ずれなのに気になってしかたない
- クラスの一人とケンカしてしまった。その一人との関係が気になってしかたない
- 校庭に小さな石が埋まっているのを見つけた。石があるのはそこだけなのに、それが気になってしかたない

4．3つのポイントで舞台をふるいにかける

舞台設定の候補を出すときは「自分で自分にダメ出し禁止」でしたが、この4つ

目のステップでは、逆にどんどんダメ出しをしていきます。

ダメ出しをしていくときのポイントは次の3つです。

● 図の関係性がちゃんと当てはまっているか
● 聞き手にとって馴染《なじ》みがある表現になっているか
● 伝えたいことを大げさに表現できているか

虫歯が1本ある。他の歯は全部健康なのに、その歯が気になってしかたない。

まず、こちらの舞台設定を見ていきましょう。一見キャッチーで良さそうですが、よく考えて見ると、［図1］で整理した登場人物の関係性がちゃんと当てはまっていません。

［図1］では、たとえ話の聞き手であるカナと、カナが苦手なサエグサさんが、同じチーム という大きな丸に一緒に入っていました。

この舞台設定では、虫歯を気にしているのは「虫歯の主」で、虫歯と「虫歯の主」は、カナとサエグサさんのような対等な関係ではありません。虫歯がサエグサさんなのだとしたら、カナは別の健康な歯になりそうなものですが、そうすると歯が別の歯を気にする、というよくわからない状況になってしまいます。

なので、これは「図の関係性がちゃんと当てはまっているか」という点からダメ出しが必要です。

ここからちょっと難しい、でも大事な話をします。

元の話を図にしたとき、具体的な話が「抽象化」されています。「抽象化する」

とは、骨格となる大事なところを抜き出す、という意味ですが、何が骨格で何がそうでないか、にはたくさんのバリエーションがあり、答えはありません。

2つ前のステップで図を描いたときに、この話の大事なところを整理したはずですが、これが本当に正しい「骨格」になっているかは図だけで判断せず、その先のステップを進めながら考えていく必要があります。図を描くときにこれをやらないのは、そうすると図を描くのが難しくて次のステップに進めなくなってしまうのと、正しい骨格を必ず図だけで表現できるとは限らないからです。

別の言い方をすると、図には表現されていない「関係」がいくつかあり、そのうちのどれかが「骨格」になることもある、ということです。たとえば、このカナの話で大きな円はチームを表していましたが、あくまで会社が決めたチーム分けでボランティアのように自ら進んでメンバーになっているわけではない、というカナとチームとの関係は、ここには表現されていません。「図の関係性がちゃんと当てはまっているか」をチェックするときは、これを頭にいれなくてはいけません。

舞台設定に図には表現されていない関係性の違いが見つかったとき、たとえば元の話では会社のチームとそのメンバーの関係性なのに、たとえ話ではボランティア団体とそのメンバーの関係性だったりするとき、それをダメ出しするかどうかは、「何を伝えたいか」に影響するかどうかで決めます。たとえばこのカナのケースの場合、「メンバー一人に嫌われたからといって世界が終わるわけじゃない」というのは、ボランティア団体でも会社でも変わらないので、特に影響はないと考えられます。

また、たとえ話をする「相手から見て」関係性がちゃんと表現されていれば、他の人から見てずれていても問題はありません。たとえば、先ほどの「会社のチームかボランティア団体か」の違いは、そのメンバー以外の人がたとえ話の相手である場合は、そもそも気にする必要はありません。

この話はかなり難しいと思いますが、なんとなく感覚をつかんでいればは完全にわからなくても大丈夫です。また、図が完全に「骨格」をとらえきれていなくても、たとえ話を作る重要なヒントには必ずなるので心配いりません。この先いくつもたとえ話を作っていく中で、もっとしっかりと感覚をつかんでいきましょう。

合唱団で一人だけ音がずれている人がいる。聴いている人はほとんど気づかない音ずれなのに気になってしかたない。

こちらの舞台設定はどうでしょうか。合唱団の一員として、別のメンバーの音が外れているのを気にしている、という関係性は、元の話と一緒です。また、自分がそのチームのリーダーではない、という状況もよく似ています。

しかし、この合唱団という舞台設定、聞き手のカナに、または多くの人にとって馴染みがあるでしょうか。実際に合唱をやっている人はそう多くはないでしょうし、合唱の経験があったとしても遠い昔の話、という人がほとんどでしょう。「聞き手にとって馴染みがある表現になっているか」というポイントからダメ出しが必要です。

クラスの一人とケンカしてしまった。その一人との関係が気になってしかたない。

次にこちらの舞台設定です。「登場人物の関係性」「聞き手に馴染みがある表現」という点では問題ありませんが、「伝えたいことを大げさに表現」するうえでちょっと問題があります。

大げさに表現するためのポイントは、Don'tの場合は「よりありえない」状況をもってくることです（Doの場合は逆に「よりありえる」状況をもってきます。）たとえば、「大海に墨汁を一滴たらすようなものだ」というのは、無駄なことはやめておけ

（Don't）という「いましめ」ですが、墨汁を一滴たらして海を黒く染められると考える人はいません。これは「よりありえない」ことなので、大げさな表現になり、たとえ話が効果を発揮します。

そして、そもそもそこに「それは人による」ということが入っていると、ありえる、ありえない、どちらとも判断がつかなくなってしまいます。

社会人同士のいさかいに比べたら、学生同士のケンカの方がより他愛ないかもしれませんが、それは人によります。みんな大なり小なりそんな状況を乗り越えて大人になっているのかもしれませんが、中にはそんな思い出をひきずっている人もいるでしょう。それも人によりますよね。

Don'tとDoというのはちょっとわかりにくい表現だと思うので、もう少し詳しく説明させてください。

たとえ話には大きく3つの種類があります。

1. 何かをしろ（Do）、またはするな（Don't）という「いましめ」

例 大海に墨汁を一滴たらすようなものだ

2. 誰かが何かをする（Do）、またはしない（Don't）ことが正しい、もっともだという「強調」

例 能あるタカはツメを隠す

3. 状況や状態の「説明」

例 憲法は国の設計図

このうち、1と2については、DoとDon't、2つの正反対の方向を向いた話があるので、それぞれに応じ「よりありえない」状況をもってきたり、「よりありえる」状況をもってきたりして、「どう大げさにするか」を調整しなくてはいけないということです。

この「伝えたいことを大げさに表現できているか」というのは、四章で「たとえ話の古典的名作たち」を見ていくとわかるのですが、たとえ話を説得力あるものにしていくのにとても大事なポイントです。ただ、3の「状況や状態の説明」には当てはまらないので、その場合には気にしないでそのまま進めてください。

校庭に小さな石が埋まっているのを見つけた。石があるのはそこだけなのに、それが気になってしかたがない。

ここも「抽象度」が高く難しいポイントですが、この先自分でたとえ話を作っていく中で感覚をつかんでいきましょう。ここで完全に理解できていなくても問題ありません。

最後にこの舞台設定です。

まず、校庭（チーム）に「入っている」カナとサエグサ（石）さん、という関係性は、元の話を表現した図にきれいに当てはまっています。

また、「校庭で遊ぶ」というのは、多くの人にとって馴染みのある舞台設定でしょう。誰もが小中学生の頃に経験していることですし、最後に経験してから時間が経っていても、毎日のように繰り返したことなのでしっかりと記憶に残っているはずです。

また、小さな石を気にして校庭で遊ばなかった、という人も中にはいるかもしれ

ませんが、「それは人による」というレベルではありません。より「ありえない」状況なので、伝えたいことをしっかり大げさに伝えられそうです。

このステップでは、このように「3つのポイント」を使って、洗い出した候補をふるいにかけていきます。

ここですべての候補が脱落してしまった場合は、またひとつ前のステップに戻って候補を一から洗い出しましょう。

5. 選んだ舞台で伝えたいことを説明する

ここまでくればたとえ話はもうほぼ完成しています。あとは最後のチェックと仕上げなのですが、ここですべきことは、もう一度最初の「何を伝えたいか」に立ち返って考えることです。

ステップ3で候補を洗い出すところでは、「ダメ出し禁止」で自由に考えたり、ステップ4では完全に別の舞台に旅をしたりして、頭の中が散らかってしまっている可能性があります。

一番大事な伝えたいことをもう一度確認し、それがしっかりと伝わるような言い方になるよう仕上げをしていきます。

「何を伝えたいか」と最終的な舞台設定を、ここでもう一度確認しましょう。

何を伝えたいか

サエグサさんに嫌われても世界が終わるわけじゃない。それがあったとしても上司やチームに恵まれたカナはハタから見るとラッキーだ。

舞台設定

校庭に小さな石が埋まっているのを見つけた。石があるのはそこだけなのに、それが気になってしかたがない。

そして、この伝えたいことを、この舞台設定の中で文章にしていきます。

カナは校庭に埋った小さい石を一生懸命とろうとしているんだよ。それで、とれないから石ばかり見ちゃってる。そんな石はほうっておいても害はないから、広い校庭を見まわして、そこで思いっきり遊んだ方がいいよ。

これでたとえ話は完成です！

次は趣向を変えて、ビジネスの一シーンでたとえ話を考えてみましょう。

5つのステップで考えるたとえ話

ビジネス編

「たとえる力」は「わかる、伝わる、ひらめく」力なので、仕事をされている方は色々なところでその威力を感じることができるでしょう。中でも頼りになるのはやはり「伝わる」力です。

年代の近い人や同じ職種の人との間には「共通の言葉」があるので、何かが伝わらなくて困る、ということはそうないかもしれません。

しかし、たとえばマーケティング部の人が、支払いの決済をもらうために財務部の人に案件の説明をするようなとき、マーケティングの基本的なことがわかっていないと、内容がわからない、というようなこともあります。そんなとき、担当者向けに「マーケティング基礎講座」を開催するわけにも、入門書を読んでもらうわけにもいきません。

また、たとえば担当者が経営会議など各部門のトップが集まる場所で企画の説明をするときなどは、ほとんどの聞き手が立場も専門分野も違う人になるわけです。全員に伝わるよう、専門的なことを噛み砕いて説明するのは至難のワザです。

そんなときに、たとえ話はとても頼りになります。

この節では、ビジネスの現場で、そのようなコミュニケーションの壁があるシチュエーションをドラマ仕立てで再現します。主人公の「困った」を解決できるたとえ話を、一緒に考えていきましょう。

ストーリーは印刷会社を舞台にしたものですが、スーパーや美容室など他の商売でもよくある「もやもや」をテーマにしたものなので、仕事をされている人は主人公の状況をイメージしやすいでしょう。

専門用語などは知らなくてもわかる内容になっているので、仕事をされていない方も、「日常編」で見てきた内容の理解を深めるために、ぜひもう一度たとえ話の世界へ一緒に出かけましょう。

●会社の方針を正すたとえ話

※社名は架空のものです。

タカシは印刷会社のマーケティング部に所属する30歳の中堅社員。マーケティング部には企画担当とデザイナーがいて、タカシは企画担当をしています。

チラシやポスターなどの広告物を企画して、営業と一緒にお客さんに提案するのが主な仕事です。また、お客さんから提案をOKしてもらったら、その企画案を元に、デザインはデザイナーにお願いし、文章は自分で書きながら実際の広告物を作っていくのもタカシの仕事です。

マーケティング部がやっている月に一度の社長への定例報告会で、社長がタカシに、近所のライバル印刷会社についてこんな話をしました。

「スミダ印刷は好調らしいな。新しい機械を入れて、デザイナーも新しく二人雇ったらしいぞ」

「ポスターが安くて品質がいいと評判らしいですね。納期もすごく早いらしくて」

「ポスターならうちも得意だろう」

「はい。ただ、頑張ってもあの価格であの品質と納期は難しいですね。チラシとかダイレクトメールを後回しにしてでも、ポスターを優先させているのだと思います。ポスターでは大きな差をつけられてしまってますね」

「チラシとダイレクトメールはどうなんだ？」
「そこはみんなウチの方がいいと言ってくれます。品質も価格も納期も負けていません。チラシとダイレクトメールに関しては、スミダ印刷はカンダ印刷と同じくらいじゃないでしょうか。どちらにも大きな差をつけているとは言えないですが、ウチが勝っています」
「カンダ印刷はポスターもウチより実績がないからな。そうなると総合力で言えばウチが一番なんだけどな」

確かに、総合力でいえばタカシの印刷会社は一番です。ポスター、チラシ、ダイレクトメール、何を頼んでも安定しているのが自慢です。

ライバルの一社、カンダ印刷にはすべてで勝っているので何の心配もありません。

問題はスミダ印刷です。チラシとダイレクトメールでは、大差ではないながら勝っているものの、ポスターで大きな差をつけられてしまっています。もっとも、勝敗でいえば2勝1敗です。それなのに、売り上げでは大きな差がついてしまっているようです。

これは、ビジネスやマーケティングの世界ではわりとよくあることです。理屈はこうです。

「ポスターといえばスミダ印刷」という目玉商品があると、どこに印刷をお願いしよう、となったときに、候補として思い出されやすくなります。これは、ポスターだけをお願いする場合はもちろんのこと、ポスターがほか

に色々とある印刷物のうちのひとつである場合でも、です。

この「思い出される」というのは思いのほか重要です。知られているからといって思い出してもらえる保証はないですし、思い出してもらえなければ、どんなに総合力で勝っていても選んでもらえません。そもそも勝負させてもらえないのです。

タカシの印刷会社が、総合力では勝っているのにスミダ印刷に業績で抜かれてしまっているのはこういうわけだとします。

この状況を、今のように理屈を並べて説明することはできるのですが、時間がかかる割には完全に腹落ちするものにはなりません。

マーケティング用語や理論を使えばもっと手短に説明できますが、その用語や理論をわかってもらうのに余計時間がかかってしまいます。

さあ、ここでたとえ話の出番です！

「5つのステップ」に沿って、タカシと一緒に、この状況を社長にスーッとわかってもらえるようなたとえ話を考えていきましょう。

1. 何を伝えたいか、を整理する

はじめに、3つの「NG項目」を思い出しておきましょう。

- 色々な意味にとれてしまう
- 聞き手に期待することが達成されない
- 言い足りていない大事なことがある

ひとつずつ伝えたいことを文章にしていき、この3つの項目でふるいにかけていきましょう。紙や携帯電話にメモをとってもいいですし、それほど複雑なことではないので、このステップは頭の中で整理してもいいでしょう。頭の中で考えついては3つの項目でチェック、を繰り返すイメージです。

ウチの印刷会社は、スミダ印刷を見習い、力を入れるアイテムを見直すべきだ。

ここまで読んでいただいた皆さんならすぐにお気づきのように、これではまだ色々な意味にとれてしまいます。スミダ印刷の何を見習うべきなのか。力を入れるアイテムをどう見直すべきなのか。そういったところがあやふやで、読む人によってこの文章をどうとるかが変わってしまいます。

チラシとダイレクトメールで勝って合計2勝1敗になっていても、ポスターの1

敗が大きな負けだったら結局負けてしまう。

これは事実ではありますし、十分具体的でもあります。しかしこの場合、聞き手に期待することは、負けている原因をわかってもらうことだけではなく、最後に勝つための方法を腹に落としてもらうことです。これではまだ、聞き手に期待することは達成されません。

それでは、これはどうでしょうか。

スミダ印刷はポスターという目玉商品を持っている。最後に勝つには、目玉商品が必要だ。

確かに、目玉商品を持つ、というのが、タカシの印刷会社が具体的にやらなければいけないことです。

しかし、まだ大事なポイントが抜けています。どうして目玉商品が必要なのか、という理由です。目玉商品があると「思い出されやすく」なる。そして「思い出されやすい」ということは、ときに総合力で勝つより重要なことである。ここをしみじみと伝えられるかどうかが、たとえ話のキモになります。

スミダ印刷はポスターという目玉商品を持っている。目玉商品を持って「思い出されやすく」ならなければ、総合力で勝っていても勝負させてもらえない。

これでしっかりとした基礎の完成です。

2. 登場人物と関係性を整理する

この元の話の登場人物は、3つの印刷会社だけで十分です。タカシの印刷会社、スミダ印刷、そしてカンダ印刷ですね。ライバル会社の社長や、同僚の営業担当などは、登場させなくても話は成り立ちます。

それぞれの印刷会社がポスター、チラシ、ダイレクトメールを扱っていますが、タカシの印刷会社はすべてが粒ぞろいで、カンダ印刷はすべてがタカシの印刷会社より弱い、という状況でした。まずはその2つの関係を図にしてみましょう。

[図2]

[図2]

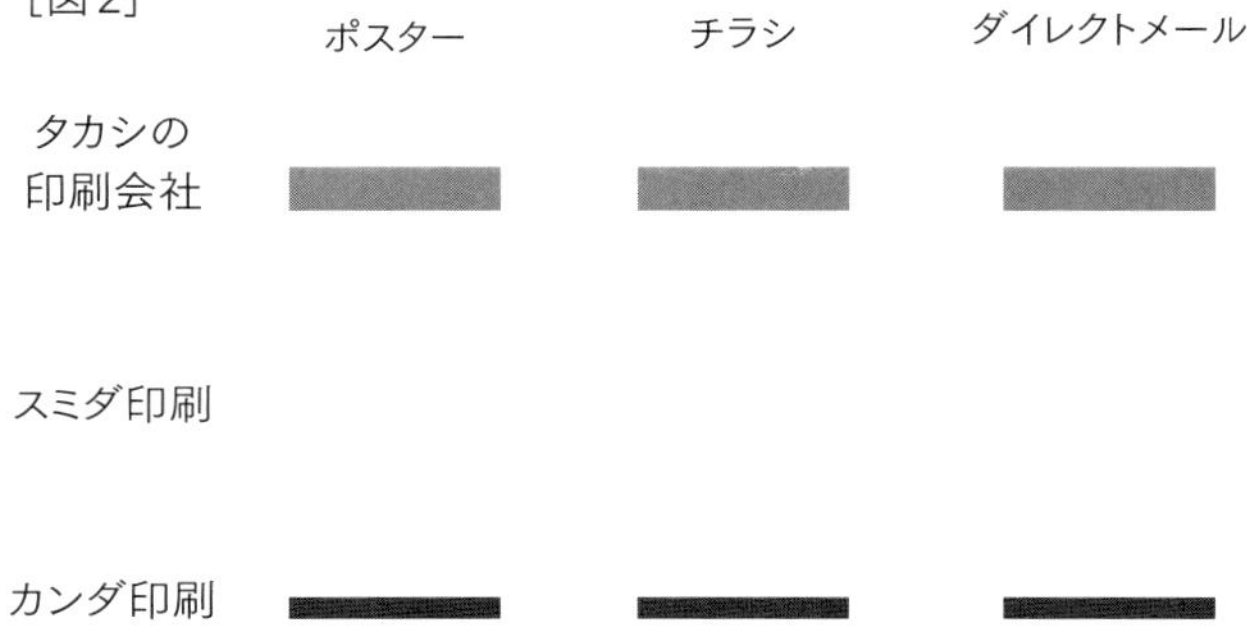

次に、スミダ印刷です。スミダ印刷はポスターが他の印刷会社から頭ひとつ抜け出していて、その他の2つのアイテムはタカシの印刷会社より弱い、という状況でした。それを図で整理してみます。［図3］

こうしてみると、実際にタカシの印刷会社以上に、スミダ印刷が一番目につかないでしょうか。つまり［図3］の中でも一番目立つのはスミダ印刷なのですが、こういうことがお客さん企業の頭の中でも起こっているのです。

次のステップでは、この図を元にして舞台設定

［図3］

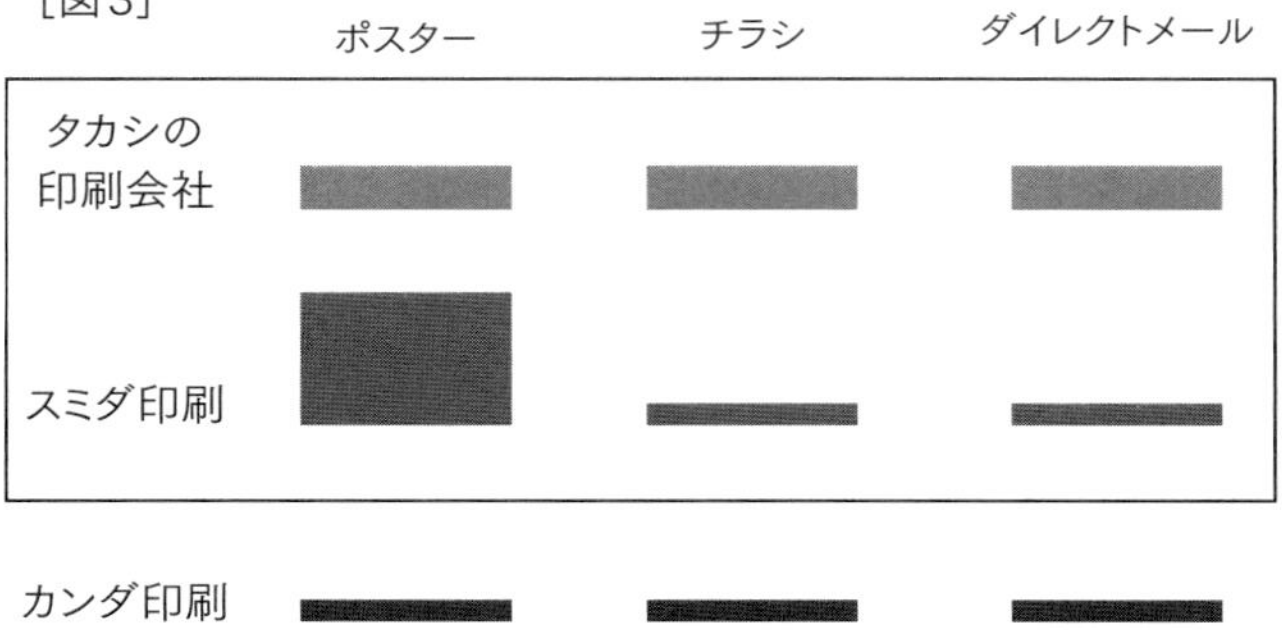

の候補を洗い出していきましょう。伝えたいことは、タカシの印刷会社とスミダ印刷との関係性の話なので、枠でくくったこの2社のパートに注目していきます。

3. 舞台設定の候補を出す

とにかく思いつくがままに新しい舞台設定を考え、それをメモしていきます。紙のメモでも携帯電話やパソコンのメモでも結構です。「一人ブレイン・ストーミング」の要領で、数としては3個から5個の候補を出すことを目指しましょう。ここでは、次の4つの候補を考えてみたこととします。

- **どちらのリンゴの皿が人気か**

1. 全部が粒ぞろいだけど目をひく大きいものがない。

2. ほかは小さいけど、ひとつ目をひく大きいものがある。

●どちらの高校がスポーツ受験生に人気か

1．野球部、テニス部、水泳部が県大会常連だけど全国常連の部活がない。

2．テニス部、水泳部は月並みだけど、野球部は誰もが知る甲子園の常連。

●どちらのアイドルグループが人気か

1．全員タレント性はあるけど、スターが一人もいない。

2．ほかのメンバーは月並みだけど、一人大スターがいる。

●どちらのレストランが人気か

1．どの料理も平均点以上だけど、これといった名物料理がない。

2．ほかの料理は月並みだけど、全国からそれを目当てに客が訪れる名物料理がある。

4. 3つのポイントで舞台をふるいにかける

このステップでは、洗い出した舞台設定を自分で厳しくダメ出ししていきます。ダメ出しをしていくポイントは3つです。

- 図の関係性がちゃんと当てはまっているか
- 聞き手にとって馴染みがある表現になっているか
- 伝えたいことを大げさに表現できているか

候補をひとつずつ見ていきましょう。

- **どちらのリンゴの皿が人気か**

1. 全部が粒ぞろいだけど目をひく大きいものがない。
2. ほかは小さいけど、ひとつ目をひく大きいものがある。

この舞台設定は、［図3］の関係性をキチンと表現できていません。元の話でポスター・チラシ・ダイレクトメールはそれぞれ違うアイテムでしたが、ここで大きさが違うのは全部同じ「リンゴ」になってしまっています。

●どちらの高校がスポーツ受験生に人気か
1．野球部、テニス部、水泳部が県大会常連だけど全国常連の部活がない。
2．テニス部、水泳部は月並みだけど、野球部は誰もが知る甲子園の常連。

一人の受験生が野球部にもテニス部にも入部したりはしないので、受験生＝印刷会社のお客さんの視点からは、［図3］の関係性が表現されているとは言えません。

ただ、校長＝社長の立場から見ると、商品と学校のウリになる部活の関係性はよく似ています。中途半端に強い部活をそろえるより、圧倒的に有名な野球部を持っていた方が、スポーツ目当ての受験生の目につきやすい、思い出してもらい候補に入れてもらいやすいということがありそうです。

しかし、高校を選ぶ立場にも、受験生を募集する立場にも、馴染みがある人はそう多くはないでしょう。

ましてやこの場合、スポーツ目当ての受験ということになるので、社長のお子さんがスポーツ受験でも考えていない限りは、むしろ元の話よりあまり馴染みのないシチュエーションになってしまいます。

● どちらのアイドルグループが人気か

1. 全員タレント性はあるけど、スターが一人もいない。

2. ほかのメンバーは月並みだけど、一人大スターがいる。

国民的なアイドルグループのことは、熱心なファンではなくてもある程度気になるものなので、多くの人に馴染みがある舞台設定と言ってもいいでしょう。

ただ、アイドルグループの好き・嫌いは「人による」ところが大きいので「大げさな表現」に差し障りがあります。また、会社とアイドルグループの図には表れない違いが「伝えたいこと」に大きく影響します。アイドルグループは応援するか、そうでなければ興味がないかなので、何か音楽を買おうと思ったときに思い出したり忘れたままだったりするものではありません。これでは、「思い出されやすく」なる事が大事だということがうまく伝えられません。

● **どちらのレストランが人気か**

1. どの料理も平均点以上だけど、これといった名物料理がない。

2. ほかの料理は月並みだけど、全国からそれを目当てに客が訪れる名物料理がある。

登場人物の関係性はしっかりと［図3］に当てはまっています。

また、レストランというのは誰にとっても馴染みのある舞台設定でしょう。自分が客として「選ぶ」立場になってイメージしてもらえるので、その意味でも「伝えたいこと」を伝えやすいと言えます。

実際にこういう2つの選択肢があったとき、全員ではないでしょうが多くの人が名物料理のあるお店により足しげくかようのではないでしょうか。今日はどこで何を食べようかな、と思ったとき、その名物料理につられてそのお店を思い出す可能性が高いからです。

そして、目玉商品＝名物料理を持っているところが最後に勝つ、というのは、より数が多くて競争の激しいレストランで「よりありえる」ことでしょう。このケースでは、目玉商品を持つべき、という「Do」を強調したいので、「よりありえる」ことが大げさな表現につながります。

これを舞台設定として使っていきましょう！

5．選んだ舞台で伝えたいことを説明する

ここまでくればたとえ話はもうほぼ完成。あとは最後のチェックと仕上げです。

散らかった頭を整理し、一番大事な「何を伝えたいか」と舞台設定をもう一度確

認して、それがしっかりと伝わる言い方になるようにたとえ話を仕上げていきます。

何を伝えたいか

スミダ印刷はポスターという目玉商品を持っている。目玉商品を持って「思い出されやすく」ならなければ、総合力で勝っていても勝負させてもらえない。

舞台設定

● **どちらのレストランが人気か**

1. どの料理も平均点以上だけど、これといった名物料理がない。

2. ほかの料理は月並みだけど、全国からそれを目当てに客が訪れる名物料理がある。

そして、この伝えたいことを、この舞台設定を使って文章にしていきます。

ウチの会社は「名物料理のないレストラン」のようなものです。「どこで何を食べようかな」と思ったときに思い出してもらえないので、総合力で勝っていてもそもそも勝負させてもらえないのです。

これで「ビジネス編」のたとえ話も完成です！　次の章は練習問題。「5つのステップ」を使ってたとえ話を作っていきましょう。

二章のまとめ

たとえ話を作る「5つのステップ」

● **何を伝えたいか、を整理する**

▼ **3つのNG項目**

✧ 色々な意味にとれてしまう

✧ 聞き手に期待することが達成されない
✧ 言い足りていない大事なことがある

● **登場人物と関係性を整理する**
▼ **「絵」ではなく「図」にする**
▼ **「図」を作るときのルール**
✧ ○や△や□など記号の違いにちゃんと意味がある
✧ 記号同士の「大きさ」の違いにちゃんと意味がある
✧ 記号同士の「位置関係」にちゃんと意味がある
✧ 記号同士を結びつける線にちゃんと意味がある

● **舞台設定の候補を出す**
▼ **このステップでは自分で「ダメ出し」をしない**

● **3つのポイントで舞台をふるいにかける**

▼ **図の関係性がちゃんと当てはまっているか**

✧ 図に表現されていないものは「何を伝えたいか」に影響するかどうか

✧ たとえ話の相手の視点で決める

▼ **聞き手にとって馴染みがある表現になっているか**

▼ **伝えたいことを大げさに表現できているか**

✧ 「人による」ということがない

✧ 「よりありえない」状況を選ぶ（Don'tの場合）

✧ 「よりありえる」状況を選ぶ（Doの場合）

✧ 「状況・状態の説明」のときはこの「よりありえない」「よりありえる」というポイントは気にしない

● **選んだ舞台で伝えたいことを説明する**

▼ **もう一度「何を伝えたいか」に戻って考える**

三章

たとえ話を作ってみよう

練習問題1

三章の練習問題では、まずは二章と同じように、「こんなとき、いいたとえ話を思いつくことができたらいいな！」という状況をドラマ仕立てで再現します。その状況にふさわしいたとえ話を、まずは皆さんが自分で考えてみてください。

それぞれのステップごとに「ノート」を用意しているので、鉛筆やボールペンを使って書き込みをしながら考えていきましょう。スマートフォンのメモなどを使ってノートをとっても問題ないですが、ステップ3で登場人物の関係を図にするときは、ぜひ紙に描いて整理してみましょう。

その後、私が5つのステップを使ってたとえ話を作り解説していきます。ただ、たとえ話には正解も不正解もありません。これが正しいたとえ話です、という風には考えず、あくまでひとつの考え方として参考にしてみてください。

さあ、それでは最初の問題です！

●わかりにくいことをお客さんに伝えるたとえ話

マリは旅行代理店で旅行の添乗員の仕事をしています。今度担当するのは、オーストリア旅行の商品。旅行の目玉は、モーツァルトの故郷でもあるザルツブルグを訪れ、人気の映画「サウンド・オブ・ミュージック」のロケ地を巡ることです。

研修旅行で現地を視察したときに気がついたことがあります。「ドレミの歌」の映画と言えば日本では誰でも知っている「サウンド・オブ・ミュージック」ですが、現地の人はほとんど知らないのです。もともとアメリカで作られた映画で、日本でも大ヒットしましたが、訳あってドイツ語圏ではあまり人気にならなかったそうです。

マリは添乗員の後輩と、それをどうお客さんに説明しようかと相談しています。

「映画を知らないってことは、ドレミの歌も知らないんですか？」

「うん、そうみたい。歴史で習うみたいで、『トラップ大佐』のことは知っていて、『トラップ一家の話』って言うと『あー、そういえば映画になったたって聞いたことある』ぐらいの感じ」

「そうなんですね。なんで人気出なかったんだろう」

「聞けば納得なんだけど、オーストリアのお話じゃない？　なのにアメリカ人とかイギリス人が英語で喋って歌っているからメチャメチャ違和感あるんだって」

「あー、なるほど。でもそんなにそれって違和感あるもんなんですかね？」

後輩は旅行会社に勤めているので、ドイツ語圏とアメリカ・イギリスの文化の違いを、一般の人よりよくわかっています。そんな後輩でもこの調子なので、これは何かいいたとえ話でも考えないと、ツアー参加者の腑に落ちる説明ができそうにありません。

大好きな映画が現地で不人気というのは、「聖地巡礼」にケチをつけられたようで残念な思いをするでしょうし、現地の文化を深くよく知る、という「サウンド・オブ・ミュージック」を超えた旅行の醍醐味も味わえません。

さあ、どんなたとえ話をすれば、この状況をツアー参加者にうまく伝えられるでしょうか。

1. 何を伝えたいか、を整理する

【POINT】

●3つのNG項目

・色々な意味にとれてしまう
・聞き手に期待することが達成されない
・言い足りていない大事なことがある

2. 登場人物と関係性を整理する

【POINT】

●「絵」ではなく「図」にする

●「図」を作るときのルール

・○や△や□など記号の違いにちゃんと意味がある

・記号同士の「大きさ」の違いにちゃんと意味がある

・記号同士の「位置関係」にちゃんと意味がある

・記号同士を結びつける線にちゃんと意味がある

3. 舞台設定の候補を出す

【POINT】
●このステップでは自分で「ダメ出し」をしない

4. 3つのポイントで舞台をふるいにかける

【POINT】

●図の関係性がちゃんと当てはまっているか

・図に表現されていないものは「何を伝えたいか」に影響するかどうか

・たとえ話の相手の視点で決める

●聞き手にとって馴染みがある表現になっているか

●伝えたいことを大げさに表現できているか

・「人による」ということがない

・「よりありえない」状況を選ぶ（Don'tの場合）

・「よりありえる」状況を選ぶ（Doの場合）

・「状況・状態の説明」のときはこの「よりありえない」「よりありえる」というポイントは気にしない

5. 選んだ舞台で伝えたいことを説明する

【POINT】
●もう一度「何を伝えたいか」に戻って考える

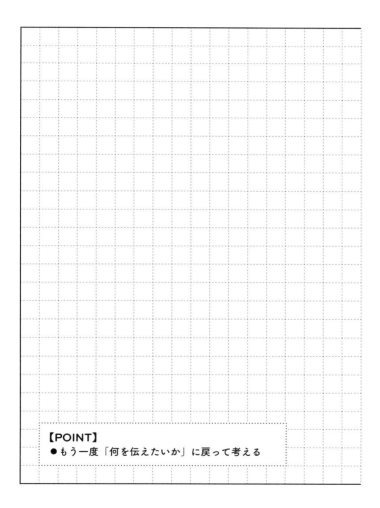

いかがでしたでしょうか？

ここからは、二章でやってきたように、私と一緒に5つのステップを振り返ってみましょう。

たとえ話に正解も不正解もありません。なのでもちろん、これから作るたとえ話が「正解」というわけではありません。

私もぜひ皆さんの作ったたとえ話を聞いてみたいのですが、それがここで説明するたとえ話と違ったからといって気にしないでください。

1. 何を伝えたいか、を整理する

まずはこのたとえ話で「何を伝えたいか」です。

「サウンド・オブ・ミュージック」が現地オーストリアで不人気だった理由は、オーストリア人であるはずの登場人物が英語で喋って歌っていることに、現地の人が違和感をおぼえたから。

これはどうでしょうか。3つの「NG項目」を思い出してみましょう。

● 色々な意味にとれてしまう
● 聞き手に期待することが達成されない
● 言い足りていない大事なことがある

「色々な意味にとれてしまう」は問題なさそうです。十分に具体的ですね。

その他の2つの項目はどうでしょうか。

この場合、マリが聞き手に期待するのは「誤解しないでほしい」ということです。ここで言いたいことはつまり、現地の人が違和感をおぼえたということなので、その違和感の出どころがしみじみと伝われば、人気がないのはストーリーがつまらなかったからだと誤解されることはなくなるので、聞き手に期待することは達成されます。

また、言い足りていない大事なことも、ここでは特になさそうです。

このように、最初に思いついた案がそのまま全部のチェックをスーッと通ってしまうこともあります。ちょっと拍子抜けしてしまうかもしれませんが、何度か読み返して「ちょっと違うな」という感覚がなければ、変に深入りすることなく次のステップへ進みましょう。

2. 登場人物と関係性を整理する

さて、次に登場人物とその関係性を整理していきましょう。今回は［図4］のように整理してみました。

図を作成するときのルールをおさらいします。

● ○や△や□など記号の違いにちゃんと意味がある
● 記号同士の「大きさ」の違いにちゃんと意味がある
● 記号同士の「位置関係」にちゃんと意味がある

［図4］

	本当は		フィクションでは
設定	オーストリア人	OK	オーストリア人
セリフ	ドイツ語	違和感	英語
役者（の見た目）	オーストリア人	OK	アメリカ人・イギリス人

● 記号同士を結びつける線にちゃんと意味がある

つまり、

● 一度「○」を使ったら意味もなく次の記号を「△」にしたりしない
● 意味もなく記号の大きさを変えたりしない
● 意味もなく記号の中に別の記号を入れたりしない
● 意味もなく記号を結びつける線を描かない

ということでした。

今回は図というよりは表ですが、気をつけなくてはいけないことは一緒です。表でいう記号は文字にあたるので、最初の2つのポイントについては、ヘンに文字の大きさを変えたりしない以外にはとくに気にすることはありません。「記号同士の位置関係」というポイントについては、表に出てくる項目の上下左右の並びにちゃんと意味をもたせるよう意識しましょう。

今回の一番の押さえどころは「違和感の出どころ」です。実話の世界ではオーストリア人がドイツ語で交わしたであろうセリフを、フィクションの世界ではアメリカ人・イギリス人が英語で繰り広げているのですが、役者の見た目には違和感がないものの、しゃべっている言葉が何かヘン！ となるわけです。

このあたりが［図４］で表現されています。

3. 舞台設定の候補を洗い出す

出来上がった図をじっくりと眺めながら、元の話を別の話で言い換えるための

「新しい舞台設定」を考えていきます。

ここでのポイントは、自分でダメ出しをせずに、とにかく思いつくがままに候補を洗い出すことでした。アイデアを批判してはいけない「ブレイン・ストーミング」の要領です。

ここでは、次の3つの候補を考えてみました。

● 日本のドラマなどでよく知る日本人の役者が、アメリカのサムライ映画で英語を喋っている
● 海外でスシ・レストランのキャラクターにブルース・リーが使われている
● 日本の歴史をテーマにしたミュージカル映画で、日本人の役を別の東洋の国の人が別の言葉で演じている

4. 3つのポイントで舞台をふるいにかける

舞台設定を洗い出すときは「自分で自分にダメ出し禁止」でしたが、ここでは逆にどんどんダメ出しをしていきます。ダメ出しのポイントをおさらいしましょう。

- 図の関係性がちゃんと当てはまっているか
- 聞き手にとって馴染みがある表現になっているか
- 伝えたいことを大げさに表現できているか

ひとつずつ舞台設定の候補を見ていきましょう。

- **日本のドラマなどでよく知る日本人の役者が、アメリカのサムライ映画で英語を喋っている**

この舞台設定は、登場人物の関係性がちょっとおかしいですね。日本のドラマなどでよく知る日本人の役者が英語を喋っているのは確かにヘンですが、それは元の話とはまたちょっと違った違和感です。

この場合、役者が日本人で設定も日本人なのに、セリフが英語ということで、役者とセリフの関係に違和感の出どころがあります。[図5]で表現されているように、項目同士のタテの関係です。元の話では、役者とセリフの関係はむしろ自然でした。ここでいえば、日本人の役者がちゃんと日本語で演技をしていたわけです。これは図に表現されているレベルで明らかに関係がおかしいので、ダメ出しをしなくてはいけません。

[図5]

	本当は	フィクションでは
設定	日本人	日本人
セリフ	日本語	英語
役者 （の見た目）	日本人	日本人

（違和感は設定とセリフの間、セリフと役者の間に示されている）

● 海外でスシ・レストランのキャラクターにブルース・リーが使われている

レストランの世界観の演出をある種のフィクションと考えれば、黒目・黒髪の一般的な東洋人だからといって、ブルース・リーに日本人を演じさせる違和感は元の話からそう遠くはありません。しかし、肝心のセリフの違和感が表現できていませんん。

また、海外生活が長い人や、出張や旅行などでよく海外に行く人でもなければ、「あー、あるある！　あの感じね！」と腹落ちしにくいものではないでしょうか。聞き手にとって馴染みのある表現になっていません。

● 日本の歴史をテーマにしたミュージカル映画で、日本人の役を別の東洋の国の人が別の言葉で演じている

［図4］に当てはめて考えてみると、違和感の出どころは一緒です。「映画」という、愛好家が多いジャンルの話なので、今回の聞き手、ツアー旅行の参加者にとって馴染みのある表現、という点でも問題ないでしょう。

「人による」という要素もないですし、元の話よりありえない、少なくとも元の話と同じくらいにありえないシチュエーションなので、大げさに表現できる、という意味でも合格です。これは現地の人が映画を受け入れなかった（Don't）ことをもっともだ、と強調するケースなので、よりありえない話をもってくるのが正解です。これを舞台設定として使っていきましょう。

5．選んだ舞台で伝えたいことを説明する

さて、それでは最後の仕上げです。「伝えたいこと」と最終的な舞台設定を確認しましょう。

何を伝えたいか

「サウンド・オブ・ミュージック」が現地オーストリアで不人気だった理由は、オーストリア人であるはずの登場人物が英語で喋って歌っていることに、現地の人が違和感をおぼえたから。

舞台設定

日本の歴史をテーマにしたミュージカル映画で、日本人の役を別の東洋の国の人が別の言葉で演じている

これらを頭に入れて、たとえ話を仕上げていきます。

サウンド・オブ・ミュージックって、実はオーストリアの人はあまり知らないんです。公開当時、アメリカや日本ほど人気が出なかったんですね。

なんでかと言うと、オーストリア人のはずの登場人物が、英語で喋って英語で歌っている。現地の人から見ると違和感があったんですね。

これは、私たちで言えば、幕末を舞台にしたミュージカル映画で、坂本龍馬や西郷隆盛を、別の東洋の国の人が別の言葉で演じているような感覚なのでしょう。

練習問題2

たとえ話が特に力を発揮するのは、売り手と買い手、若い人と年配の人、専門家とそうでない人など、コミュニケーションの相手との間に見えない壁があって、共通の言葉や知識を頼りにできない場合でした。

練習問題1では、研修旅行で身につけた知識がある添乗員と、そういった知識のないツアー参加者の間で使われるたとえ話を考えました。だいたいどこでも売り手と買い手の間には知識の差があるものです。

練習問題2では、専門家とそうでない人の間で使われるたとえ話を考えていきましょう。ここにあるのもやはり知識の差です。

●父親に仕事のことを説明するたとえ話

ケイは東京でシステムエンジニアとして働く27歳。彼女と別れたばかりなので、今年の年末は静岡の実家でのんびりしています。父親とビールを飲みながらテレビのニュース番組を見ていると、東京オリンピック・パラリンピックに合わせて検討されていた「サマータイム制」の導入を政府が見送った、というニュースが流れてきました。すると父親がこう言います。


「このサマータイムってのはよくわからねえな」

「サマータイム制いいよ。この前出張でドイツに行ったんだけど、夜の9時でもまだ全然明るいんだよね」

「それの何がいいんだよ」

「明るいと外で遊べるじゃない。それに電気を使わなくていいから電気代の節約にもなる。政府が導入しようとしてた理由はそれだよね。環境問題」

「ん？　そもそもなんでサマータイムにすると9時でも明るいんだよ」

「夏なんて朝の5時くらいからもう外は明るいでしょ。その5時を8時くらいにしちゃえば、もうみんな電気なしでも会社に行ったりとかして動き出せるじゃない？　そうすると、今度は夜の9時が実際には夕方6時くらいになるわけよ。それで明るい。朝も夜も余分な電気が必要なくなるから、環境に優しいし無駄なお金もかからないんだよ」

「なるほどな。じゃあやればいいじゃねえか」

「それが、システムの改修が大変なんだよ」

「システムの改修なんて大変でもやればいいじゃねえか。今お前がやってるのもシステムの改修なんだろ？」

「そうなんだけど、これは特に大変なんだよ。だって、日本中全部のシステムが、システムを作ったときには、夏になると時間が繰り上がる、なんてことを考えていなかったんだもん」

「でもその携帯なんかだと、お前ドイツからお母さんに電話かけてきてたけど、ドイツでも使えるんだろ？　そのとき時間はどうなってたんだよ」

「これはもともと世界中で使う前提で作られてるから、変更できるようになってるんだよ。システムには、使う人が変更できるところと、変更できないところがあるんだよ」

「その変更できないところを変えるのがお前のやってる改修なんだろ？　そうしたら改修すればいいじゃねえか」

「いや、それが、そこは改修できないんだよね。なんて言うかな、すごく基本的なところなんで他のほぼすべての部分とつながっていて、そこを変えるとなるともうほぼ一から作り直しになっちゃうんだよ」

父親は、いまひとつ腑に落ちない、という顔をしています。

システムには、携帯電話の壁紙など使う人が自分で「設定」することを頭に入れて、はじめから変更できるようにしている部分と、そうでない部分があります。そうでない部分は、その他のシステム全体につながっている根っこの部分と、そうでない枝葉の部分があります。

サマータイム制の導入で変更しなくてはいけないのはその根っこの部分なので大変だ、ということをケイはうまく伝えることができません。

皆さんには、このシチュエーションでたとえ話を考えてもらいます。今回はシステムの話なので、システムに詳しくない人にはとっつきにくいかもしれません。し

かし、あえてこのお題を選んだのは、皆さんにたとえ話のもうひとつの大きな力、「わかる」を実感してもらいたいからです。

たとえ話で「類推」して考えることで、人に「伝える」前に、まず皆さんがこの話をより深く理解することができます。ちょっととっつきにくいな、と感じるかもしれませんが、ここまでこの本を読んできた皆さんなら大丈夫です。

「たとえる力」を使ってまずはこの問題をよく理解したうえで、ケイがお父さんにうまく説明できるようなたとえ話を考えてみてください。

1. 何を伝えたいか、を整理する

【POINT】

●3つのNG項目

・色々な意味にとれてしまう
・聞き手に期待することが達成されない
・言い足りていない大事なことがある

2. 登場人物と関係性を整理する

【POINT】

●「絵」ではなく「図」にする

●「図」を作るときのルール

・○や△や□など記号の違いにちゃんと意味がある

・記号同士の「大きさ」の違いにちゃんと意味がある

・記号同士の「位置関係」にちゃんと意味がある

・記号同士を結びつける線にちゃんと意味がある

3. 舞台設定の候補を出す

【POINT】
●このステップでは自分で「ダメ出し」をしない

4. 3つのポイントで舞台をふるいにかける

【POINT】

●図の関係性がちゃんと当てはまっているか

・図に表現されていないものは「何を伝えたいか」に影響するかどうか

・たとえ話の相手の視点で決める

●聞き手にとって馴染みがある表現になっているか

●伝えたいことを大げさに表現できているか

・「人による」ということがない

・「よりありえない」状況を選ぶ（Don'tの場合）

・「よりありえる」状況を選ぶ（Doの場合）

・「状況・状態の説明」のときはこの「よりありえない」「よりありえる」というポイントは気にしない

5. 選んだ舞台で伝えたいことを説明する

【POINT】

●もう一度「何を伝えたいか」に戻って考える

いかがでしたでしょうか？　今回はシステムの専門的な話なので、システムに馴染みのない方はちょっととっつきにくかったかもしれません。そのぶん、「わかる」力のパワーを感じていただけたのではないでしょうか。

練習問題1でやったように、ここからは私がこの問題を解説していきます。繰り返しになりますが、たとえ話に答えはありません。これが正解で皆さんの答えは不正解、ということではありませんので、あくまでも参考としてご覧ください。

1. 何を伝えたいか、を整理する

はじめに「何を伝えたいか」です。

サマータイム制導入に関わるシステムの変更はとても難しい。

皆さんならもうお気づきと思いますが、これはダメですね。3つの「NG項目」を思い出してみましょう。

- 色々な意味にとれてしまう
- 聞き手に期待することが達成されない
- 言い足りていない大事なことがある

何がどう難しいのか。難しいけどできなくもないのか、ほぼ不可能というレベルで難しいのか。読む人によって色々な意味にとれてしまい、まったく具体的ではありません。

それでは、これはどうでしょうか。

システムには設定で変えられるところとそうでないところがあり、そうでないところは、改修できるところとできないところがある。サマータイム制導入に関わる変更は設定では変えられず、改修もできないところだ。

十分に具体的です。ただ、これだとひとつ言い足りていない大事なポイントがあります。今回ケイが父親に期待することは、サマータイム対応のシステム変更は難しい、と理解してもらうことでした。

父親も言っていたように、ケイはいつも父親には「システムの改修」をやっていると話しています。なので、その「改修できるところとできないところ」が具体的にどう違うか、それをわかりやすく説明しないと、父親はその難しさがイマイチ腑に落ちないままでしょう。今回はここがたとえ話のキモになります。

システムには設定で変えられるところとそうでないところがあり、そうでないと

ころは改修できるところとできないところがある。その他のシステム全体につながっている根っこの部分は変えられず、そうではない枝葉の部分は変えられる。サマータイム制導入に関わる変更は設定では変えられず、改修もできないところだ。

少々長くなってしまいましたが、これでしっかりとした基礎になりました。

2. 登場人物と関係性を整理する

次に、登場人物と関係性を整理しましょう。

図を作成するときのルールのおさらいです。

● ○や△や□など記号の違いにちゃんと意味がある

●記号同士の「大きさ」の違いにちゃんと意味がある
●記号同士の「位置関係」にちゃんと意味がある
●記号同士を結びつける線にちゃんと意味がある

つまり、

●一度「○」を使ったら意味もなく次の記号を「△」にしたりしない
●意味もなく記号の大きさを変えたりしない
●意味もなく記号の中に別の記号を入れたりしない
●意味もなく記号を結びつける線を描かない

ということでした。

それと、今回のケースで注意しなくてはいけないのが「枝葉」「根っこ」という言葉です。これ自体がすでにたとえ話になってしまっていますが、これはあくまで「何を伝えたいか」を整理するために自分に向けて使っているたとえで、最終的なたとえ話ではありません。

図を作成するときは、これに引っ張られてしまわないよう、気をつけましょう。

今回、登場人物は「システム全体」をひとつの組織のようなものと考え、その中のパーツ（プログラム）を擬人化して、匿名のメンバーがたくさんいるような状況をイメージしてみましょう。

まずはシステム全体を「設定で変えられる部分」と「設定で変えられない部分」に大きく分けていきます。「設定で変えられる部分」と「設定で変えられない部分」は、○と□で記号を分けていきます。

［図6］

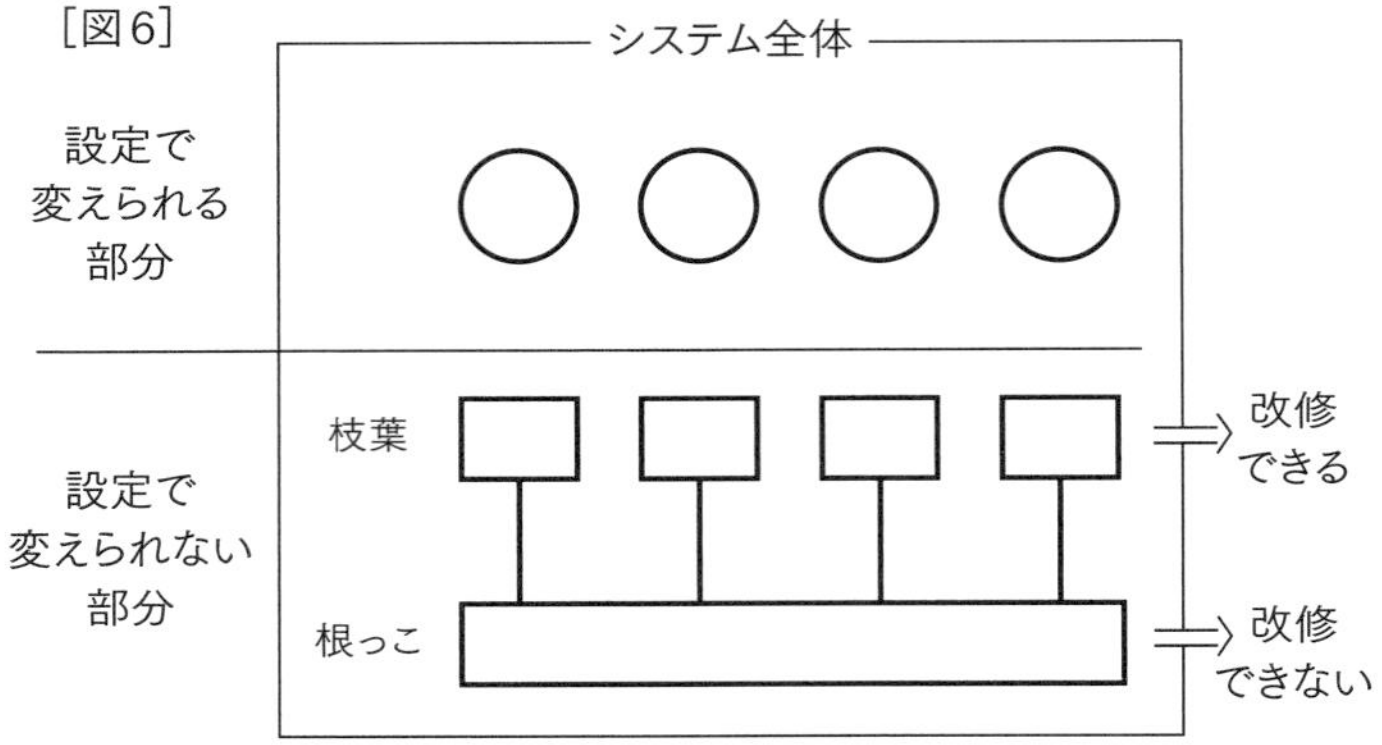

そしてさらに、「設定で変えられない部分」を「枝葉」と「根っこ」に分けていきます。「根っこ」はその他の部分につながっているので改修ができず、そうでない枝葉は改修ができる、という関係性を、記号の大きさを分け、つながりを線で表すことで表現していきます［図6］。

3. 舞台設定の候補を洗い出す

出来上がった図をじっくりと眺めながら、元の話を別の話で言い換えるための、新しい舞台設定の候補を出していきます。

ここではまだ自分でダメ出しせずに、とにかく思いつくがままに候補を洗い出していきましょう。

洗い出す候補の数の目標は3～5個でした。ここでは、次の3つの候補を考えてみました。

- 時速180キロまでしか出ない車を、時速230キロまで出るように改造しようとする
- アルバイトを変えるのではなく、正社員、それも他のメンバーに指示を出す立場の管理職を突然変えようとする
- あらゆる国の人に対応できるように作ったマッサージチェアを、ホッキョクグマにも使えるようにしようとする

4．3つのポイントで舞台をふるいにかける

舞台設定を洗い出すときは「自分で自分にダメ出し禁止」でしたが、ここでは逆にどんどんダメ出しをしていきましょう。

ダメ出しポイントのおさらいです。

- 図の関係性がちゃんと当てはまっているか
- 聞き手にとって馴染みがある表現になっているか
- 伝えたいことを大げさに表現できているか

ひとつずつ見ていきましょう。

時速180キロまでしか出ない車を、時速230キロまで出るように改造しよう

とする

これはこれで確かに無理がありそうです。そして、シートの位置のような「設定で変えられる部分」ではないところをいじろうとしているという意味では、「図6」の関係性が表現されています。

ただ、スピードの上限が全体につながっている「根っこ」なのか、そうではない「枝葉」なのかは、よっぽど車に詳しくなければよくわかりません。

その意味では、これは「図の関係性がちゃんと当てはまっているか」というポイントからも、「聞き手にとって馴染みある表現になっているか」というポイントからも、NGを出さなくてはいけません。

● アルバイトを変えるのではなく、正社員、それも他のメンバーに指示を出す立

場の管理職を突然変えようとする

これはどうでしょう。「設定で変えられる部分」と「設定で変えられない部分」の違い、「枝葉」と「根っこ」の違い、両方とも［図6］の関係性を表現できています。人の集まりである会社と、プログラムの集まりであるシステムの間には、図には表れていないところで色々な違いがありますが、「根っこを変えるのは大変だ」というメッセージを伝えるのに差し障りはありません。

アルバイト・正社員・管理職という職場の関係は、仕事をされていない人にでも、テレビドラマなどで馴染みがある舞台設定でしょう。

ただ、仕事をされている方はわかると思いますが、実際にこのようなこと、つまり管理職が突然変わるということって結構ありますよね。これは政府がサマータイムには対応しない、というDon'tのことを「もっともだ」と強調しているケースなので、「伝えたいことを大げさに表現する」ためには、元の話より「ありえない」設定を選ぶ必要があります。

●あらゆる国の人に対応できるように作ったマッサージチェアを、ホッキョクグマにも使えるようにしようとする

マッサージチェアには肩や腕の位置を調整する「設定」があり、その設定でどうにかできる範囲を超えた変更をしようとしている、という意味で、「設定で変えられる部分」と「設定で変えられない部分」の違いに関して［図6］の関係性がうまく表現されています。

たとえば、とある国の人たちは異常に強い

「モミ」が好きなので、その国の人たち向けに「モミ」を強くできるように改造したい、というようなことなら、「枝葉」レベルの話かもしれません。しかし人間が使う、というのはそもそもマッサージチェアを作るうえでの大前提でしょうから、人間サイズの設計はこの機械の「根っこ」にあたります。

ホッキョクグマ向けにマッサージチェアを改造するなどまったくありえないことなので、「伝えたいことを大げさに表現できているか」というポイントからも問題ありません。

これを舞台設定として使っていきましょう。

5. 選んだ舞台で伝えたいことを説明する

いよいよ最後の仕上げです。「何を伝えたいか」と最終的な舞台設定を確認しましょう。

何を伝えたいか

システムには設定で変えられるところとそうでないところがあり、そうでないところは改修できるところとできないところがある。その他のシステム全体につながっている根っこの部分は変えられず、そうではない枝葉の部分は変えられる。サマータイム制導入に関わる変更は設定では変えられず、改修もできないところだ。

舞台設定

あらゆる国の人に対応できるように作ったマッサージチェアを、ホッキョクグマにも使えるようにしようとする

この2つを頭に入れて、たとえ話を完成させましょう。

システムをサマータイム制に対応させる、というのは、あらゆる国の人に対応できるように作ったマッサージチェアをホッキョクグマにも使えるようにしろといってるようなものなんだよ。

いかがでしたか?

「わかる」と「伝わる」。たとえ話の持つ2つの力を同時に体験いただけたのではないでしょうか。

四章

英語のたとえ話

「二階から目薬」など、文章がひとつの言葉のようにカタマリになってある決まった意味になる表現を「慣用表現」と言います。日本語にもこの「慣用表現」はありますが、日本語の慣用表現は、昔あった（と言われている）話からできた「故事成語」が多いですね。「犬も歩けば棒に当たる」とか「石橋を叩いて渡る」とか。

それに対して、英語の慣用表現にはたとえ話＝類推を使ったものがとても多いです。

聖書には「たとえ話」がたくさん登場します。中国古代の「諸子百家」が書いたりまとめたりした本にも「たとえ話」が多いのですが、昔から諸外国との交流や戦争があって色々な文化が行き来した地域では、「これは当たり前」ということをわかちあえない人たちとコミュニケーションをとる方法として、たとえ話が便利に使われたのでしょう。

この章では、そんな英語の慣用表現になっているたとえ話の中から、いくつか面白いものをピックアップしてご紹介します。これらの慣用表現は、言ってみればたとえ話の「古典的名作」です。本場で、長い歴史に磨かれてきたクラシック作品を味わうことで、これまで見てきたポイントを再確認しながら、たとえ話のセンスに磨きをかけていきましょう。

Apple to orange

アップル・トゥー・オレンジ

これは、本来比べてはいけないものを比べているときに、それを注意する表現です。たとえば、皆さんがいくつかの店舗を持つ美容室のオーナーだとして、経営がうまくいっているかどうかを調べるために、今週の売り上げを去年と比べたとします。そうしたら、今年の売り上げの方が断然多かった。やったー！　となったとします。

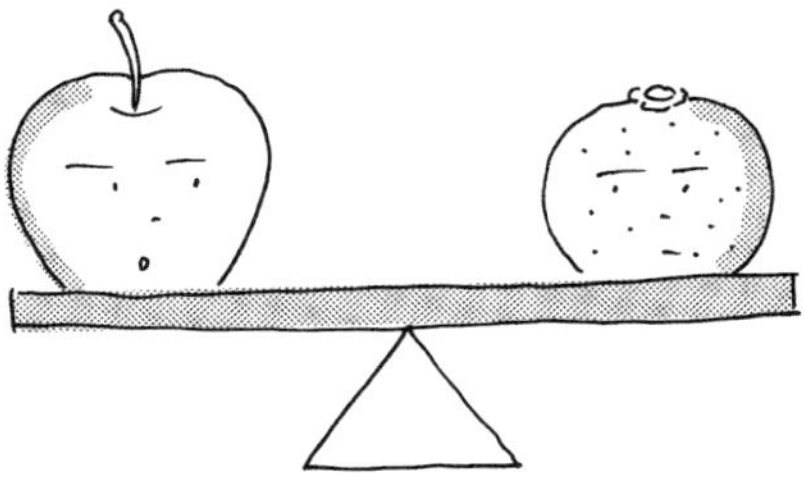

でもよく考えてみると、今年の今週は、平日より売り上げが多い休日が2日も多かったし、すっかり忘れていたけど実はお店もひとつ増やしていた。それでは売り上げが多いのは当たり前だよね、となったとします。そういう状況が「アップル・トゥー・オレンジ」です。

同じことですが「アップル・トゥー・アップルではない」、という言い方もあります。

これってとてもよくできたたとえ話だと思いませんか？「元の話」の登場人物の関係をキチンと表現できていますし、リンゴとオレンジというとても身近なものを使っているので、スーッと頭に入ってきます。また、リンゴとオレンジを比べるなんてありえないことなので、そのおかしさが「大げさ」に伝わります。

さらにたとえ話の視点でこの表現をもうちょっと深掘りしていきましょう。

特にイギリス人に多い印象ですが、この表現、オレンジの代わりに洋梨を使ってアップル・トゥー・ペア（リンゴと梨）と言う人もいます。

青リンゴと洋梨を思い浮かべていただけるとわかりますが、リンゴと梨の方が、より見た目が近く、たとえ話としては優れているように思われます。「一見似ているけれど」という「元の話」の関係性をよりキチンと表現していますよね。

しかし、比べる対象としては、リンゴと梨だと果物としての格が違うというか、横綱と小結を比べているようなところがあります。その意味では、果物界の横綱同士を比べている「リンゴとオレンジ」の方がすっと入ってくる、という人もいるでしょう。

元々誰が考えたのかは知りませんが、すっかり定着してみんながよく使っている慣用表現だけに、たとえ話としてじっくり練られているのがわかります。

これはとても便利な表現なので、日本語にも同じようなものはないものか、といつも思うのですが、ひとつ発見しました。「同じ土俵では比べられない」です。

しかし、この表現は、「同じ野球選手でも、中学生と高校生は同じ土俵では比べられない」という使い方と、「マクドナルドとスターバックスは同じ土俵では比べられない」という使い方があり、それぞれちょっと意味が違います。

野球選手の方の使い方は「比べるのは不公平だから」という話です。それに対してマクドナルドとスターバックスの方の使い方は、一見似ているけどよくよく考えると「ファーストフード店」と「カフェ」でジャンルが違うから、ということで、ちょっと難しい言い方をすれば「比べるのは妥当じゃないから」という話です。

マクドナルドとスターバックスの方の使い方は、アップル・トゥー・オレンジという表現にとても近いです。

これらのことをふまえて、後者の「比べるのは妥当じゃない」というケース専用に、アップル・トゥー・オレンジのかわりとなる日本語表現を考えてみました。

ズバリ「武士と力士」。

武士も力士も両方強いですが、「同じ土俵では比べられない」ですよね。それぞれ強さのタイプや、強さを発揮できる条件が違います。両方とも「強い人」という意味ではぱっと見、似ていますが、その2つを比べることは妥当ではありません。

皆さんもこの表現、ぜひ使ってみてください!

It rings a bell

なんとなく覚えがある

「昔○○部にいた○○さんって知ってますか？」と聞かれ、覚えてはいないけど、それに関係する何かがなんとなく記憶の片隅にある、ということがありませんか？

頭の中のどこかで何かが反応しているけれど、何がどこで反応しているかはわからない。

そんなときに使うフレーズがIt rings a bellです。

日本語に直訳すると「何かのベルが鳴っている」ということになります。

「何かが頭の中のどこかで反応している」ということを表現するのに、ベルというのはとてもいいたとえです。遠くでベルの音が聞こえるとき、どこで鳴っているのか大体の方向はわかるけど、正確にはどこかわかりませんよね。

何かが頭の中の「どこかで」反応している、という、元の話の関係性をキチンと表現できています。

また、日本語の感覚だとわかりづらいのですが、It rings a bellのaがひとつのポイントです。

たくさんある中の何かしらのひとつ、というニュアンスで、これで「何かが」という関係性をうまく表現しています。

ベルと日本語でいうと音楽の授業で使った楽器のベルが思い浮かびますが、英語のニュアンスは「鐘」に近いです。日本人にとってのお寺の鐘のように、教会のベルの音は英語を話す人にとってとても「馴染み深い」ものです。いや、教会が街の中心にある欧米、特にヨーロッパの人たちにとって、教会のベルは日本人にとってのお寺の鐘以上に馴染み深いものだと言っていいでしょう。

こうして見ていくと、この表現もこれまで見てきたたとえ話のポイントを、しっかりと押さえていることがわかります。

逆に言うと、これまで見てきたたとえ話のポイントをしっかり押さえれば、広く受け入れられるたとえ話が作れる、ということでもありますね。

知っている悪魔ならまだマシ

Better the devil you know

組織変更で新しい上司がやってきます。しかし、この人が社内でも有名な曲者《くせもの》です。細かいことにうるさい、ちょっとしたミスでも怒られる、と、悪い噂は数え切れません。実際に自分も一回一緒に仕事をしたことがあって、その曲者ぶりも目撃しています。

チームの同僚と、これは大変なことになったね、と話をしています。でも、会社の決定

は変えられないですし、人事に掛け合うにも、こんな噂があるんです、では話になりません。嫌なら転職するしかありません。

そんなとき、自分やチームメートを励ますフレーズがこれです。知ってる悪魔ならまだマシだよね。

想像してみてください。中世イギリスあたりの暗い夜の森を、馬に乗って急いでいます。夜が明ける前に街に着かなければいけない。すると、木々の中から突然自分を呼び止める声がします。

馬を止めて声の方を振り向くと、そこには悪魔がいます。いかにも悪魔！って感じの悪魔です。見た目とか登場の仕方とかから考えるに、これは村人たちの間で噂になっていた「あの」悪魔でしょう。馬をとられて身ぐるみ剥がされますが、命まではとられない。そういう噂でした。

別のパターンをイメージしてみてください。馬を止めて声の方を振り向くと、そこには「何か」がいます。おそらく何らかの悪魔でしょう。森の中で悪魔に会った、という話はたまに聞きますが、こんな悪魔の話は聞いたことがない。

これ、すごい怖くないでしょうか。これに比べたら、最初の知っている悪魔の方がまだマシ、としみじみ思いませんか？

このたとえ話の優れたところは、「大げさに表現する」ときの大げさの振り幅です。嫌な上司を悪魔にたとえるのも大げさな表現ですが、さらに恐ろしい「知らない悪魔」というのも登場させています。

社内で悪名高い人を上司に迎えるのは、とても気が沈むことでしょう。自分自身やチームメートを慰めるには、こんな大げさな表現の力を借りるしかありません。

Nine women can't make a baby in a month

9人の女性が集まっても赤ちゃんは1ヶ月では生まれない

この表現はまだ新しく、慣用表現と呼ぶには早いかもしれません。言ってみれば慣用表現の赤ちゃんですが、わかりやすいたとえ話をみんなが使いはじめ、やがて慣用表現になっていく過程を実況中継で見ているようで面白いので、古典作品ではないですが傑作・マスターピースとして取り上げてみました。

これは「テック・クランチ」というアメリ

カのニュースサイトに2010年に投稿された記事のタイトルで、マーク・サスターさんという起業家が考えたたとえ話です。

この記事は、著名な起業家のマークさんが勉強中の起業家に向けたもので、会社を作ったばかりの時期にあまりたくさんお金を集めるべきではない、といういましめになっています。

そういうことをすると、お金を出した人たちは早く成長して私たちを儲けさせてくれ、というプレッシャーをかけてきますが、いくらお金があったところで、多くの場合ビジネスが育つにはそれなりの時間がかかるものです。そこで、このたとえ話です。

私は起業をしたことはないのですが、仕事の中には、人手をかければかけただけ早くなるものもあれば、そうでないものもあることを知っています。たとえば、壁にペンキを塗る、という作業であれば、一人で1日かかる量を二人で半日で終わらせることもできます。

しかし、たとえば10人ぶんのご飯を炊き上げる、という仕事は、一人でやっても二人でやってもかかる時間はそれほど変わりません。面白い企画を考える、という仕事も、二人で考えれば同じ面白さの企画を半分の時間で考えられる、などということはありません。

「9人の女性が集まっても赤ちゃんは1ヶ月では生まれない」のです。

このたとえ話が優れているのは、ビジネスの成長とお金・人手の関係をきちんと表せていること、「出産」という人類全員にとって身近な話題を使っていることに加えて、何より「ありえない！」の度合いが強烈なとても大げさな表現になっていることです。

この話し手が聞き手に期待することは、会社を作ったばかりの時期にあまりたくさんお金を集める、ということのバカバカしさをわかってもらうこと、そういうことをやめてもらうことでしょう。ここまで強烈な「ありえない！」を突きつけられれば、誰もがそのバカバカしさに気づき自分の計画をかえりみるでしょう。

マークさんは、この記事の最後に、「誰もこのたとえ話の意味がよくわからない、という時代が早く訪れるといいな」と言っています。しかし、そんなマークさんの願いに反して、このたとえ話はその後色々な人に引用され、今では元々の記事やマークさんを知らない人も記事やブログなどで使っています。

たとえ話の道を究めていくうえで、一番の名誉はこのような「慣用表現」を作ることではないでしょうか。「待ちぼうけ」なんて、元の話ができたのは日本で言う弥生時代です。

弥生時代からみんなが聴いていた音楽や、みんなが鑑賞していた絵画なんてないでしょう。その意味では、皆さんが慣用表現になるようなうまいたとえ話を考えれば、バッハやレオナルド・ダ・ヴィンチより人類に影響を与えた人になれるかもしれません！

やる気が出てきましたか？

Pie in the sky

絵に描いた餅

これは日本語でもおなじみ、「絵に描いた餅」です。意味はほぼ同じです。

「ディズニーランドを超えるテーマパークを作ろう！」など計画は素晴らしくても、テーマパークを作った経験や大きな資金がないのに言っているのであれば、それは「絵に描いた餅」「空に浮かんだパイ」です。

まずは日本語版の方から見ていきましょう。ご馳走である餅でも、絵に描いたものであれば食べられないので仕方がない、というたとえ話ですね。

企画書などに書かれた計画が「餅」であるのはわかるのですが、それを実現するために必要なものがない、という伝えたいことがうまく表現されていないように思われます。絵に描いた餅はどこまでも絵に描いた餅で、何かがあればそれが実際の餅になる、ということはないからです。

また、餅自体はとても身近なものですが、餅がご馳走である、という感じも現代人である私たちにはイマイチよくわかりません。

一方で英語版ですが、パイはあるものの、空に浮かんでいて手が届かない、というたとえ話です。企画書などに書かれた計画が「パイ」ですね。

空を飛ぶことができれば（必要な力があれば）とることができるけれども、実際はとることができない（必要な力がない）、といった具合に、登場人物の関係性と伝えたいことがキチンと表現されています。

パイは英語圏の人にとってとても身近ですし、パイが空に浮かんでいる、というシチュエーションは絶対にありえないので、「大げさに表現する」という意味でもポイントを押さえています。

絵に描いた餅の語源は大昔の中国の本と言われていますが、元々は「名声や評判はそれだけでは仕事をしてくれない、絵に描いた餅がお腹をいっぱいにしてくれないように」という意味だったようです。これはとてもいいたとえ話ですね。

「五十歩百歩」や「朝三暮四」、一章で紹介した「待ちぼうけ」など、古代の中国の本から出てきたたとえ話はたくさんあります。日本が縄文時代や弥生時代だったときに考えられたこれらのたとえ話が、今でも使われ、今でも私たちの腑に落ちるものであり続けているというのはすごいことです。

英語を使う人たちや中国語を使う人たちは、昔から違う民族同士が交流をしたり戦争をしたりしながら国を作ってきた歴史があります。そんな中、違う文化や言葉を持つ相手にわかりやすく考えを伝えるうえで、たとえ話は不可欠だったのでしょう。

国際化の時代です。また、同じ日本の中にも、色々な考え方を持つ人たちのグループが生まれてきています。自分たちの考えを、違う文化を持つ人たちにわかりやすく伝える力は、今を生きるすべての人に必要とされています。

そしてそれこそ「たとえる力」なのです！

おわりに

ここまでおつき合いいただき、本当にありがとうございました！

たかがたとえ話、されどたとえ話。読みはじめる前に皆さんが考えていた以上に、たとえ話の世界は深く広くはなかったですか？

しばらく皆さんとはお別れですが（またこの本に戻ってきていただけると嬉しいですが！）、ここまでお読みいただいた皆さんの頭の中には、すでに「たとえる力」のアプリがインストールされているはずです。

皆さんの日常生活で、「たとえる力」を使ってたくさんのたとえ話を考え出してください。

この本で解説してきたことは、もちろんたとえ話の作り方でもありますが、何より「たとえる力」の鍛え方です。

スキーやスノーボードを習うとき、まったく滑れない初心者は、ここで膝を曲げて、目線を次のカーブに向けて、ここで膝をあげて、と動きをステップに分けて細かく教わるでしょう。

でも、「膝を曲げて」「視線を次のカーブに」「膝をあげて」とぎこちなくもステップ・バイ・ステップで滑るのは最初の1日くらいです。体が動きを覚えてしまえば、後はあまり意識せずにそんな動きができるようになります。

実際に斜面を滑るときは、そんなひとつひとつのステップより、一連の流れが重要です。流れの中で、状況によってはステップをひとつ飛ばすこともあるかもしれません。そんなときでも、動きが体に染みついていれば、ステップをひとつ飛ばしたことも意識せず、普通に滑れてしまうはずです。

たとえ話も同じです。

この本で見てきたたとえ話の作り方は、言ってみれば「まったくスキー・スノーボードをやったことがない人向けの滑り方講座」です。

もちろんこの本でやってきたように、5つのステップを順番に進んでたとえ話を考えてもらっても問題ないですが（ここぞ、というたとえ話を作るときは、そうすることをおすすめします!）、いくつかのステップを飛ばして、あるいは全部のステップを飛ばして考えてみることにもチャレンジしてみてください。

この本で一緒にやってきた基本の動きは、もうすっかり皆さんの身についているはずです。なのでそのようにステップを飛ばした場合でも、自然と頭が「たとえる力」を発揮し、いいたとえ話が考えられることでしょう。

一章と四章は、たとえ話を考えることと直接には関係ないですが、これらは言ってみれば「初心者がスキー・スノボをやるための筋トレ」になっています。

基本的な動きがわかっても、スキーやスノボは普段とは違う筋肉を使うので、しっかりその筋肉をつけておかないと動きを繰り返すことはできません。

「たとえる力」の大元は、ちょっと難しい言葉を使うと、「抽象的に考える力」です。

一章『「わかりにくい」の正体』で説明した、「誰にでも当てはまるようにする（普遍的にする）」と「手順を細かくする（具体的にする）」の違いを思い出してください。

「たとえる力」というのは、抽象的に考えることで、この「具体的」と「普遍的」を行ったり来たりする力のことです。

この「抽象的に考える力」こそが、たとえ話を作るのに必要な「筋肉」なのです。

その筋肉は、一章や四章を読む中で、そしてもちろん実際にたとえ話を作るステップを理解して、自分で作ってみる中で、十分に強くなっているはずです。

この本を閉じたら、早速その新しい力を使ってみましょう！

最後に、この本を届けてくれた宣伝会議の皆さんに、たとえ話を使って感謝申し上げます。

最初のきっかけを作ってくれた「産みの親」である谷口さん。冴え渡るプロの技で立派な本に仕上げてくれた「育ての親」浦野さん。一番の理解者であり「伴侶」である三上さん。本当にありがとうございました！

内容と創作の進め方、両方で相談にのってくれた妻、常にやる気の源になってくれた娘には、いつも感謝していますが、今回も最高の感謝を贈ります！

参考文献

細谷功（2011）『アナロジー思考』東洋経済新報社
湯浅邦弘（2009）『諸子百家』（中公新書）中央公論新社
ポール・スローン（2018）『すごいイノベーター70人のアイデア』中川泉訳、TAC出版
（1963）『新約聖書　福音書』（岩波文庫）塚本虎二訳、岩波書店

著者：井上 大輔　いのうえ・だいすけ

ヤフー株式会社
メディアカンパニー
マーケティングソリューションズ統括本部
エヴァンジェリスト

ニュージーランド航空にてオンラインセールス部長、ユニリーバにてeコマース&デジタルマーケティングマネージャー、アウディジャパンにてメディア&クリエイティブマネージャーを経て2019年2月より現職。Advertimesにて「マーケティングを別名保存する」、週刊東洋経済にて「マーケティング神話の崩壊」執筆中。NewsPicksアカデミア プロフェッサー。著書に『デジタルマーケティングの実務ガイド』（宣伝会議）。
ツイッター：@pianonoki

宣伝会議 の書籍

逆境を「アイデア」に変える企画術
崖っぷちからV字回復するための40の公式
河西智彦 著

逆境や制約こそ、最強のアイデアが生まれるチャンスです。関西の老舗遊園地「ひらかたパーク」をV字回復させた著者が、予算・時間・人手がない中で結果を出すための企画術を40の公式として紹介。発想力に磨きをかけたい人、必見。

■本体1800円+税 ISBN 978-4-88335-403-0

予定通り進まないプロジェクトの進め方
前田考歩 著

ルーティンではない、すなわち「予定通り進まない」すべての仕事は、プロジェクトであると言うことができます。本書では、それを「管理」するのではなく「編集」するスキルを身につけることによって、成功に導く方法を解き明かします。

■本体1800円+税 ISBN 978-4-88335-437-5

「欲しい」の本質
人を動かす隠れた心理「インサイト」の見つけ方
大松孝弘・波田浩之 著

ニーズからインサイトへ。いまの時代、消費者に聞くことで分かるニーズは充たされ、本人さえ気付いていないインサイトが重要に。人の「無意識」を見える化する、インサイト活用のフレームワークを大公開。

■本体1500円+税 ISBN 978-4-88335-420-7

シェアしたがる心理
SNSの情報環境を読み解く7つの視点
天野彬 著

情報との出会いは「ググる」から「#タグる」へ。どのSNSとどのように向き合い運用をしていけばよいのか、情報環境を読み解く7つの視点、SNSを活用したキャンペーン事例などからひも解いて解説していきます。

■本体1800円+税 ISBN 978-4-88335-411-5

詳しい内容についてはホームページをご覧ください　www.sendenkaigi.com

たとえる力で人生は変わる

発行日	2019年2月1日　初版
著者	井上大輔
発行者	東　彦弥
発行所	株式会社宣伝会議
	〒107-8550　東京都港区南青山3-11-13
	Tel.03-3475-3010（代表）
	https://www.sendenkaigi.com/
ブックデザイン	小口翔平＋山之口正和＋谷田優里（tobufune）
イラスト	田渕正敏
DTP	株式会社鷗来堂
印刷・製本	図書印刷株式会社

ISBN 978-4-88335-456-6　　C2063